U1010483

小兵说

IN投行

鸡汤没毒放心喝

投行小兵 著

感谢小兵研究大家庭的小伙伴为本书的精彩付出

晨小笛　若　水　毛　青　宋　柳　孙　蕊

李彦霞　洪长生　Jackie　黄敏达　盘贝尔

李永鹤　蔷　薇　张智星　江子骞　杜林钰

陈卫强　小牛Berlin

特别感谢@嘉禾 @黄柯 @吴丹 对本书的辛苦付出！

天冷，喝碗鸡汤暖暖身子

——《IN 投行：鸡汤没毒放心喝》自序

走着走着天就黑了，可是领导交代的工作还没做完，只能在一杯杯咖啡的刺激下继续加班。

走着走着就到了尽头，却发现并不是一开始自己期盼的结果，梦想好像在现实的撕扯下也没有表现出来的那么绚烂。

走着走着心就累了，很想找一个鸟语花香人也不多的地方放空自己，下个月五号的房贷好像还没有想好怎么去还。

曾经，我们有太多的项目，太多的工作，感觉自己好累好难；现在，我们的项目少了，工作也不那么忙了，却要担心自己的岗位和工资，一不留神就来到了冬天。

走着走着，工作都没了……

多少次，我们都想着化身无敌英雄，踩着五彩祥云，集绝世武功于一身，只要稍微一发力就可以逆天改命。

多少次，我们都自称是每天都在搬砖的投行民工，在制度的大树下依附，靠天吃饭。天气阴晴不定，我们冷暖自知。

多少次，我们都在想，要不是实在没有办法，谁会干这种辛苦活，没黑没夜，没了自我，下了一百次决定却没有一次彻底离开的勇气。

曾经，我们总是骂自己的工作这里不好那里也不对。可当工作的模样渐渐模糊，我们又发现，我们对这份工作是如何依赖，如何离不开。再怎样，这都是我们养家糊口的保障，是一家老小的期望。

不知不觉，冬天就来了……

熟悉小兵的都知道，小兵是喜欢胡说八道的，什么都敢说。年轻的时候这叫年少轻狂，年纪大了这应该叫老不正经。

熟悉小兵的都知道，小兵是什么都愿意去说的，评论过制度，反思过行业，还想成为兼职段子手。要是疯狂起来，那是连自己都愿意“作践”的。

熟悉小兵的都知道，小兵是喜欢写东西的，不管是什么样的内容、什么样的风格，只要能够表达自我就好。从小学的时候就开始写，到现在差不多三十年了。当然，大家真正知道我喜欢写，可能是十年前的博客。

写着写着，就来个总结……

忙时拼命，闲时读书，厚积薄发，天不负我。业务确实少了一些，那就多读点书，多积累点经验。当然，我们也可以干别的，可是除了这个，我们好像也做不了别的什么了。

小兵把这些年写的一些跟“鸡汤”有关的文章做了一些删减和整理，算是出了一个小的合集，可能也没有太大的用处，但至少避免了大家找到这一篇找不到另外一篇的麻烦。确实，我们找到这些文章还是很不容易的，小伙伴的好几双眼睛都快累坏了。

这些文章，有些是逗你开心的，有些是一起思考的，有些可能就是“凑字数”的，不管怎样，都希望你能喜欢，就像你一直喜欢小兵那样。此外，这里有一些文章也是小兵研究团队的小伙伴的作品，希望你们也可以支持他们。

这样的文章，我们后续还会专门整理，争取每一年或者三年出一个合集，与大家分享。小兵最喜欢大家的鼓励和支持，这也是我们能坚持下去的最大的动力。

冬天来了，我就是你的鸡汤。鸡汤无毒，还有一点温暖。

说不定，你就会爱上她！

投行小兵

2018 年 5 月 21 日

目 录

第一篇 生活态度

第二篇 职 场 经 验

第三篇 业务思考

第一篇　生活态度

1 成功，没那么简单

01

我曾是一个失败的投行新人

【前三年 | 新人期】

对于一个刚接触投行的人来说，入职的前三年可以看作新人期。

这三年，可以让你完成对投行充足的认识，可以让你修炼与投行有关的基本技能。三年之后，有的人迅速成为骨干或者项目组的主力；有的人还在自我磨合和痛苦抉择；有的人已经掉队，没了踪影。

在投行前三年的时间里，我们会遇到太多的诱惑，当然也会伴随着困惑和挑战。我们从“三点一线”的校园里出发，来到了一个完全不同又错综复杂的世界，我们的身边不再是一起打游戏一起逃课的上下铺兄弟，只有不是你项目成功就是我年底没有奖金的直接竞争的对手甚至是“敌人”。

这三年里，我们参加各种老乡会、联谊会或者高峰论坛，我们打探每一个同学的工作情况（尤其是工资水平），我们总是希望尽快用各种方法武装自己，让自己成长，让自己化蛹成蝶，变成自己曾经崇拜的那个投行前辈的模样。

我们总是希望领导在开会的时候第一个看到的人是我，分配任务的时候第一个想到的人是我，希望自己做的每一个项目都能成功，然后领导在全体大会上表扬的人也是我。我们总是担心领导可能不是那么喜欢自己，甚至会纠结为什么今天中午吃饭的时候领导没有像往常一样和我坐在一起。

作为一个投行新人，或许大家都是这样度过的。如果真是如此对照，那么我曾经就是一个非常失败的投行新人。

【我的新人期，有点失败】

很多人的校友QQ群我没有加入，很多的老乡聚餐我没有参与，很多可以见到传说中的牛人、可以找到资源的场合我都很抗拒参加。

因为不是那么会说话，也不能随时为同事去买烟或者陪着去唱歌，因而项目负责人在做汇报时对我的评价也不怎么高，以至于领导觉得我可能不适合干投行。普遍认知的投行人应该做的那些事情，我好像都不怎么喜欢，也做不来，做不好。

领导总是在最后才想到还有我的存在，才会找一些看起来根本没有希望，或者看起来有点希望但又遥遥无期，或者是别人都不愿意做的项目交给我去做。

别的同事都已经成功发行了一个IPO和一个再融资，而我只能在角落里默默梳理这一年来到底经历了多少项目，为什么一个都没成功。虽然也做了很多工作，可是结果决定一切，项目零成功让我怎么跟别人去说，更别提吹牛了。

有时候，一天连着一天都无所事事，伤心裹着茫然席卷而来，我对着电脑屏幕发一下午的呆，看着它从清晰到模糊再到清晰。也曾无数次地反问自己，或许真的不适合做这份差事。

直到有一天，我发现踏踏实实的业务学习和知识积累才是自我成长的最佳路径，也可能是我还能留在投行的唯一方式。

唯一的一根救命稻草，我只好抓住，也必须抓住！

【成长，需要脚踏实地】

很多人尤其是投行新人，都有一个误解，认为只有多做项目才能增加实操经验。但是在我看来，投行水平的提高、扎实的知识储备和日常的项目经历，缺一不可。

我们常说不能只低头看路还要抬头看天，但更应该强调的是，“不要只抬头看天，也要低头走路”，不然我们早晚会掉到坑里。

只有对基本的法规和规则有了深刻的理解，才能解决实践中遇到的问题，并且通过实践经验进一步理解规则。如果不了解规则，就算是这个问题在实践中出现过许多遍，我们也未必能意识到这其实是一个需要探讨和解决的问题。

我们总是热衷于讨论实践中一些问题的处理方法或者做了几个项目，但是对于问题背后的基本法律规定，却不一定知道。有时候，某个问题已有明确的法律规定，我们却还在项目上苦苦纠结。

我们需要通过项目来增加经验并增长技能，更需要全面充分利用好每一个项目。即使经历过的项目不多，只要我们把项目中遇到的所有问题都深入分析并且举一反三，我们的成长甚至可以超过那些项目做得多的小伙伴。与其面对一座大厦只取一块砖来为我所用，我宁可将一面墙的每块砖都搞得清清楚楚。

有时候我们需要淡定一些、耐心一些，当然这种大道理往往都是说易做难。尤其是在看到其他同事做成了项目、得到了领导的赞许甚至已经开始学着前辈的模样指点江山的时候，我们真的很难淡定。

越是在这种时候，我们越是要告诉自己得坚持下去，按照自己的方式去努力，把自己的根扎的深一些、再深一些。就算这两年都没有开出花朵，我们仍然要相信只要根一直扎到土里，总能在雨露降临的那一刻盛放。

【投行人的专业，要全面更要新鲜】

大家都说投行的核心价值是创造价值，但我要说的是“创造价值的前提是解决问题”。如果我们不能帮助客户解决好问题，又如何获取到为客户创造价值的机会呢？怎样才能解决好问题，答案只有两个字，那就是“专业”。所以，我们要做专业的中介机构人员。

专业，不只是简单的两个字，它包含着极高的要求。不是对某个问题的专业，更不是对某个问题某个角度的专业，而是全方位的专业。对于投行人员来说，你必须对一个问题形成全面深入的了解，才有可能为客户制订出完备合理的解决方案。如果只能做到一知半解，那么最好还是别出解决方案了。勉强提出的解决方案，不光枉费人力物力，有时候还会做成“夹生饭”甚至引发不可逆的严重后果。

投行的专业，不仅要全面，更要时刻保持新鲜。按照以前的经验和趋势发展，投行知识和经验的保鲜期或许只有半年甚至更短。如果你坚持用两年前的经验来做当下的判断，可能会跳进一个“经验越丰富，错误和麻烦越多”的怪圈。

我们可能都曾遇到这样一种尴尬：当我们正要对某个法规做一番解释的时候，有人在微信上提醒你：这个文件上周五刚刚出了更新的版本。这厢还没来得及解读，那厢就已经翻篇了……

我曾经是一个非常失败的投行新人，可能就差那么一点点就失去了继续在投行工作的机会。我用自己笨拙的近乎不可理解的成长方式拯救了自己，让自己仍旧有机会可以吃这口饭。

现在的我，或许还算不上什么成功的投行从业者，但至少已经站稳了脚跟。如果你愿意，也可以尝试我以前走的路，而且我相信你肯定会比我走得更快、更远、更扎实。

02 圈子，不是年轻人成功的捷径

【我们是这样的年轻人】

如果你通过自己的父母或者亲戚可以轻松找来让客户立马两眼放光的过亿资金，或者能够轻松搞定一个领导都会喜欢的大项目，那么年轻人请你略过。

如果你天赋异禀有超群的运作能力，什么问题都难不倒你，什么资金你都能实现高额回报，什么模型在你那里不过是按几下计算器那么简单，那么年轻人请你略过。

如果你从来就没想过进步，没想过成功，就想着每天窝在被窝里吃着泡面，或者招呼着一帮伙伴“吃鸡”，认为生活就是要活在当下，躺着总比坐着舒服，那么年轻人也请你略过。

这里我们说的年轻人，是受过高等教育、有着美好的梦想、有实现梦想的抱负的人，本领也有一些，只是还不是那么熟练，如同段誉的六脉神剑时灵时不灵。离开校园，告别老师，带着师兄的祝福和师妹的期许，打包收拾好那一摞的毕业证书和资格证书，开始仗剑走天涯。

你是有本领的，你是想成功的。但是，你要记住，有本领是不一定能成功的，或者说你有机会成功，但是成功永远是需要时间和积淀的。

【我们以为的圈子不是捷径】

我们或多或少总会抱怨，觉得自己一身高超本领无从施展，这个社会根本就容不下我等有本事的天才。我要成功，我要快速地成功，我要比我的同学更快地成为部门主管，我要比我的师兄在三环买更大的房子。

为了更快地成功，很多年轻人发现了一个最好的捷径，那就是圈子。

一场校友会或者老乡会是圈子，一场大师兄组织召开的经验分享会是圈子，一个颁奖典礼或者高峰论坛也是圈子。年轻人每次都把自己面试的时候买的西装整理得整整齐齐，名片上印的头衔尽量不要有什么助理或者实习之类的字样，显得自己很成熟很有经验。

我们期望在这样的圈子里可以遇见神秘的人物，就像是我们以前只能在新闻里或者电视里遇到的那样的大佬级人物。这样的人物在芸芸众生之中非常有眼光地发现了你，或者给你介绍项目，或者给你介绍资金，或者直接认识你的顶头上司，发个短信说要照顾一下小张或者小李，我很看好他。第二天早上回到公司，在领导的办公室你被热情地表扬了一番，并且承诺下一个升职加薪的肯定是你。

后来，微信群多了起来，发现圈子变得越来越容易，甚至都不用再去花钱去干洗店熨西服了，也不用转两次地铁、三次公交去参加一个个会议了。只要加入了一个微信群，你就得到了无数个世界。你只要钻在被窝里每天盯着屏幕，或许哪一天你期待的幸运的事情就会发生在你的身上。

【你牛了 自己就是圈子】

年轻人，我们都学过金融或者经济学，我们都明白一个最简单的道理，任何交易都是要等价的，你要交换到别人给你的帮助，你拿什么等价的东西奉献给别人？

有的人拿项目换项目，有的人拿资金换人情，有的人拿任何东西换任何东西。如果你现在身上没有任何别人可以利用的或者有价值的东西，你参加的圈子都是无效的圈子，都是没有意义的圈子，也是会让你失望的圈子。

所以，后来你才会发现：你向曾经与你一起吃饭的前辈咨询一个技术问题，他没有回你；你想着让曾经交换过名片的大佬帮着判断一个项目如何进展，没有收到回音；你给曾经在一个高峰论坛上公开夸你有前途的领导发个短信问有没有好的工作机会，没有结果。你可能会抱怨世态炎凉，你可能会抱怨这个社会对你不公平，你可能觉得你已经没有未来了。事实是：年轻人，你一开始就做错了啊！

我们是年轻人，我们最大的优势就是年轻，有大把的时光去武装和修正自己，让自己真正强大起来。

我们不要羡慕那些前辈，他们也是从年轻人过来的，他们的经验我们可以积累，他们的人脉我们可以汇集，他们的气质我们可以自我修养。

你要坚信一点，那就是十年之后，我们一定比任何人出色。

可是，前提是你现在要放弃那些虚幻的不切实际的圈子，脚踏实地，从第一份项目建议书做起，从第一次跟客户谈判做起，从认真阅读投行小兵的第一篇案例分析做起。

你有了资本，会有人主动跟你交换。等你有了足够的资本，你本身就是一个圈子。

03

你朋友圈随手转发的，恰恰就是你失去的

【智能手机颠覆了生活方式】

纵然诺基亚从棺材板里跳出来抗议，我们也不得不承认，属于诺基亚的时代早已经被雨打风吹去。以苹果为代表的智能手机坏坏地说："不好意思，老大，现在是属于我的。"

智能手机爆炸性发展，其迅捷的速度的确超乎我们所有地球人的想象，尽管有时候我们觉得追赶得有些气喘吁吁，但我们更多的是感受到了智能手机带给我们的可以"为所欲为"的便利。

真所谓：手机在手，天下我有！

现在我们离不开手机，放不下手机，手机真的已经成为我们生活的一部分，甚至也成为我们身体的一部分了，我们吃饭上班离不开它，我们去旅行去厕所也同样离不开它。

【科技变革改变不了学习的本质】

没错，手机带给我们的变革确实是颠覆性的。节奏太快我们只能尽量追赶，尽管有些匆忙倒也乐此不疲，尽管有些劳累倒也带来了便捷，实现了收获。然而，有一样东西，却不是方便和快捷可以代替的，那就是读书和研究。这还不是最可怕的，最可怕的是很多人以为读书和研究的方式随着科技发展也是可以改变的。

不管科技多么复杂，书还是要一页一页地读，学问还是要一天一天地去做，来不得半点马虎，也不能有一点虚假。不然，就不是真正的学问，得到的也不是真正的知识。

我们承认，当下是一个信息爆炸的时代，也是一个信息被快速消费的时代。但是，如果我们学习的节奏和思考的思路也被带得快速发展，可能就不是一件好事。任何情况下，违背自然发展规律的创新都是假的，都是骗人的。

我们现在习惯了在不斟酌不思考的情况下制造博人眼球的信息，我们现在也习惯了看到信息顺手转发给别人，美其名曰：好的东西要及时与大家分享。可是你问问自己，有多少你转发的认为好的东西，或者认为别人真正需要的东西，其实是你只看了标题就决定转发的。

有人制造信息，有人乐于分享信息，这样的链条在智能手机和互联网两大推动力的作用下被无限延伸和织造。

【学习的三个阶段】

看，这是一个多么和谐的画面，这是多么让人兴奋的一个局面。汗，这可能也是我们每天都在面对的一个最大的错觉：我们每天都学习和吸收了海量的信息，可是有多少信息我们去认真学习了并且使之成为自己的信息，成为以后可能为我们所用的信息？

业务研究至少要经历三个简单的阶段，第一个阶段，别人说什么，我就信什么；第二个阶段，别人说什么，可能有些不对，但我不知道哪里不对；第三个阶段，不管别人说什么，我有我的主张。

照此看来，我们现在很多的学习连第一个阶段都没有达到，我们只是把文章分享给别人，自己根本不知道别人在说什么，而只是希望接受你分享的那个人能知道别人在说什么以及你想说什么。

于是，我们分享得越多，或许我们也就失去得越多，失去了学习的时间，失去了愿意思考的动力，在芜杂的信息海洋中只是盲目地麻醉自己和欺骗自己。这样我们不会有更大的进步，甚至让自己更加困惑。

问问自己，我们是不是经常会有这样的感觉：看到一个问题需要解决，感觉自己对这个问题很面熟也非常熟悉，但是要根据自己的思路提出解决方案的时候，却又不知道该从哪里入手。

这种感觉，就对了。

04
你真的会为你的新年目标努力吗
——晨小笛

【新年计划满满当当】

新的一年开始时，那些你满怀憧憬写下的新年计划准备开始执行了吗？

你曾信誓旦旦地对闺蜜们宣言：“我要‘管住嘴，迈开腿’，新的一年一定瘦成一道闪电！”结果呢？当坏情绪或压力一来就跑去暴饮暴食，在沙发上“葛优躺”妄图麻痹自己或者逃避拖延要做的事，然后不知不觉间还更胖了。好多羡慕别人好身材的人，喊了好多年的口号，明年还是会继续喊吧？数年的光阴过去，大部分的人还是没能瘦到自己期待的模样，或是练出传说中的八块腹肌和马甲线。

你曾惊叹于犹太民族的读书精神，于是下定决心在新的一年要提升阅读量。你买好了最炫款的 kindle 阅读器，或是在手机上下载了好几个热门读书软件，还兴冲冲跑去图书馆缴清了去年借书许久未还产生的欠费，准备新一年充分利用图书馆的资源，想象着以后每周都及时还书再不断借回新的书籍。甚至，你怕自己不自觉，还积极地加入了各种读书团，企图把看书的动力托付给抱着和你同样想法的人们。最后，大部分的人回望过去一年阅读的书籍册数，还是屈指可数。

你曾在参加各类聚会时感慨于人的差距，禁不住羡慕那些年年拿奖学金或是拿到理想工作offer的人，羡慕做生意蒸蒸日上的商人，或是羡慕同龄人的步步高升，你不甘人后，于是你下定决心要奋起直追。你发誓再也不通宵打游戏，再也不赖作业了，还制订了争分夺秒的学习计划，预备鸡鸣时分就起来看书，节假日也都不出去玩儿了；你决心每天下班后，再也不整晚追泡沫电视剧了，想着每晚抽些时间总结今天的工作心得，再给自己充会电，增长些知识技能。你眼红别人的生意规模越做越大，于是想要挖掘客户新需求，多开发优质产品，多拓展潜在客户。但事实上，大部分的学生还是把一学期的课本知识用考前一周的时间才学完，大部分的上班族还是禁不住追剧、轻松愉悦地玩耍而荒废了下班后的时间，上班时也还是时不时地拿出手机刷会儿屏，大部分的生意人还是懒于思考可行的新商业思路，畏缩在一片红海里守着每况愈下的年利润。

【改变“懒癌”症，这些建议不可以不听】

我们中的许多人都是那“大部分的人”中的一员，那么新的一年，我们怎么样才能成为那些有了积极改变的“少数人”中的一员呢？我收集研究了相关书籍资料，从那些已经成为有积极改变的所谓“少数人”前辈身上总结了以下建议与大家分享：

一、为目标设定完成期限，并定期检查计划完成度

曾看过这么一句话：平时不经常规划和反思的人，在某个特殊时点做一次规划，实现规划的可能性微乎其微。我们应该学会为自己的目标设定一个最后期限。任何一个目标或者决定，如果没有最

后期限，就不会产生紧迫感，从某种意义上来说，你的行动也就没有真正的起点和终点。在设定完成期限后，我们还需要定期检查完成的进度。此外，在完成计划的过程中，我们也需要多总结多反思，随时调整方法步骤，这样才能有所成。

二、走出心灵舒适区域，告别拖延，马上行动

“不舒服”的感觉总会让我们心情沮丧，而改变永远来自于“不舒适”。做力量训练的人都知道，肌肉的撕裂和重生来自于“不舒适”。当你能很舒适地做好多组数的时候，说明你拿的重量太轻了，或者每组数量太少了，只有在最后做不下去，非常“不舒适”地坚持的时候，你才有机会提高成绩，变成更好的自己。主动走出“舒适区”（在心理学上一般表达为扩大舒适区），自我成长，自我突破，也许等待你的，是从未想过的明天。

三、正确面对不良情绪

生活不如意之事十有八九，如果我们不能合理疏导自己的不良情绪，那么我们的生活将会被情绪所掌控，在实现目标的征程中也必然会铩羽而归。其实人是可以不受制于情绪的，不过不是通过控制的方式，而是通过了解它。认识情绪，就是认识自己最真实的感受。接着，你就要思考产生情绪的来源——一些具体的事情，并着手解决这些事情，那么你的坏情绪很快就烟消云散了。比如，你正为即将到来的考试焦虑，你只需认清焦虑的来源，那么当你积极努力的开始刻苦看书复习的时候，焦虑感就会随之消失。

四、自律者自由

人生苦难重重，只有自律才能获得长久的自由与快乐。回避问题和逃避痛苦的倾向，是人类心理疾病的根源。所谓自律，就是主动要求自己以积极的态度去承受痛苦，解决问题。自律有很多好处，比如能够在很大程度上使我们免为琐事烦扰，虚度光阴，并减少不必要的痛苦和麻烦。

那么，如何做到自律呢？设定合理目标，创造利于自律的环境来帮助我们抵制诱惑，掌握时间管理的技巧，即对工作进行分割，并设定优先级，一次只做一件事情，为每个任务设定时间节点。

五、形成习惯，让坚持变得容易

子贡倦于学，告仲尼曰："愿有所息。"仲尼曰："生无所息。"子贡曰："然则赐息无所乎？"仲尼曰："有焉耳，望其圹，皋如也，宰如也，坟如也，鬲如也，则知所息矣。"（译文：子贡对学习厌倦了，告诉孔子说："我希望休息一下。"孔子说："人生没有什么休息的。"子贡说："那么我就没有休息的地方了吗？"孔子说："有呀！你看那个墓穴：那高高耸立的像高地似的，像小山尖似的，像土堆似的，像扣着的锅似的，就知道休息的地方了。"）人们眼中的天才之所以卓越非凡，并非天资超人一等，而是付出了持续不断的努力。

突然强烈的动机和兴趣可能让你有一时的热情做一件事，但并不能让你始终坚持下去。对于一些不是十分有趣，但不得不做的事情，最好的办法就是养成习惯，然后依靠习惯的惯性，让你长久地坚持下去。就好比早睡早起这件事，看似很难坚持，但只要你形成了习惯，当你身体的生物钟固定了，那么早起后的清醒舒适和一整天的活力就会让你愉悦地把早睡早起长久地坚持下去。

2 投行，并非你想的模样

01

投行人的一天，是这样的

【投行，神秘优雅还是现实残酷】

小兵干投行也有十来个年头了。一直以来，我只觉得投行工作忙碌且平淡，并没有感受到什么特别之处，更谈不上神秘和另类。大抵是距离产生美，圈子外面的人总是对圈子里未知的一切，充满着窥探欲。

所以，常有人问我，投行到底是啥样的？甚至很多人流着口水，用一副赶紧请我吃上一个月饭的眼神看着我说，投行是不是年薪百万，投行是不是非五星级酒店不住，是不是出差都坐商务舱？

很多人都会对投行有着无限的期待和幻想，看着大家充满期待的小眼神，我只好狠狠心，来给大家讲讲现实的投行到底是怎么样的以及这些年我在投行是怎么工作的。

表 2-1 投行的神秘与现实

	投行的神秘	投行的现实
1	年薪动不动过百万	工资不算太低但也没有那么高，刚来的新人七折八扣之后能有个大几千就不错了
2	出门都是商务舱	经济舱都要买折扣大的，高铁一等座都要主管领导签字才能报销
3	住在五星级酒店	偶尔住一下，更多的还是七天、如家、宜必思，好几张金卡了
4	红酒、咖啡加美女助理	咖啡倒是经常喝，那是为了熬夜加班不犯困的；美女助理没有，美女同事都老得快
5	与上市公司老板谈笑风生	一个问题没解决好，就被老板骂得狗血淋头，好像几十亿市值是我给弄没的
6	动不动就是十几亿、几十亿的项目	有时候分析财务报表和银行流水，那数字是真长啊，看的眼睛都快瞎了
7	与政府官员称兄道弟，社会人脉积累迅速	连着企业老板一起都被骂，要不就是陪着领导喝酒，喝“死”在酒缸里
8	玩着手机坐在海滩就把项目完成了	工作底稿不看吗？函证回函不要催吗？客户走访不要抓紧一点吗
9	没有解决不了的问题，坐上神坛指点江山	做十个项目最后发现能成功一个就不错了，每个项目成功都是相同的，不成功的项目各有各的问题
10	一周工作三天，一天工作三小时	一出差就是一个月，房东都报警了，租了房子一个月不见人

【投行人的一天】

05:00——早起赶路（顺便看一下北京凌晨的美景）

起床，赶最早的一个航班（如果你还需要化妆的话，请把闹钟再往前调一调）。大家都说飞机十有八九都晚点，我说早班很靠谱，一般情况不会晚点。起飞之后，赶紧吃个免费早餐再补个觉。

09:00——开会（其实更像是打仗）

准时抵达客户公司，组织召开中介机构协调会。这是一次决定性的会议，一次重要的具有战略性的会议！它的重要性，则主要体现在火药味很浓和场面很惨烈两个方面（看不见的硝烟，也很呛人的）。

12:00——吃饭（喝酒）

结束 3 个小时的火拼，终于到了饭点。明明跟客户说好“赶路不喝酒，喝酒不赶路”的，谁料半路杀出个预祝客户上市成功的金融办领导。少了美酒的预祝，显然是不真诚的。为了不让我们的“革命友谊”出现裂缝，我只好拿出不惜把胃喝穿孔的“革命情怀”，投身于伟大的陪酒事业。无奈领导酒量实在太好，跟不上节奏的我只想说，“难受到想流泪”。

15:00——谈事（还是喝酒）

没吃几口菜却装了半肚子酒的我，并没有停下匆忙的脚步。因为，还得赶高铁去另外一个城市拜访另外一个客户争取另外一个项目（不知我该为高铁的开通开心呢开心呢还是开心呢）。谈判，直接被搬上了让我的胃部又一阵痉挛的酒桌。培养和提升“革命友谊”的队伍更为壮大，除了标配——上市顾问团队之外，还包括老板的发小、战友、牌友以及生意伙伴。觥筹交错间，我的嘴角开始微微上扬，而我的胃却早已“泪流不止”。

21:00——交流（依旧是喝酒）

促膝长“谈”了一个下午之后，老板表示“光喝白酒不尽兴啊，走走走，我们再去唱个歌喝点不同颜色的”。陪客户和领导喝酒，最起码的觉悟是，“随时让酒杯和自己保持战斗姿态，说干咱就干，回回都见底”。高觉悟所导致的直接后果是，在战斗中快速丧失意识，陷入到“我是谁、我从哪儿来、我又要到哪儿去”的三大终极哲学问题。要啥自行车，现在我就想要一个枕头。

24:00——奋斗（上夜班）

在午夜钟声敲响前，我终于回到了酒店（此处并没有水晶鞋，也没有南瓜马车）。正欲将瞌睡安放在枕头上的我，突然想起还有一封重要的邮件未回复，领导让我在明天上班前（没猜错的话，这几个字的意思就是“今晚”）把某文件发给客户。只好用一通凉水澡打碎我浓浓的醉意和睡意，然后以饱满的热情开始上夜班。指尖敲击在键盘上的声音，如夜曲般让我陶醉——如果这一切都是真的就好了。

03:00——睡觉（做梦被预审员临时传唤）

06:00——早起赶路开会

在与枕头“亲密接触”了 3 个小时后，我再次被闹钟叫醒，起床赶高铁，然后回公司开会。

【没想到这么充（痛）实（苦）！】

有些人看罢可能要表示强烈不服，“这样的工作状态肯定不是常态，持续三个月的话，怎么也得暴毙吧”。当然没有人会一直以这种状态工作，机器工作一段时间，还得加水、换机油呢！

投行的一天，其实还有别的打开方式，比如以下这种：

上午10点起床发呆，12点吃饭玩手机（比如刷个朋友圈或打个“王者农药”），然后继续睡觉（千万别问我能不能睡着）。下午6点跟同事聚餐，然后去唱歌，然后回家继续睡觉（千万别问我能不能睡着）。甚至，有些人连续多天的工作主题就是“睡觉与吃饭的无缝对接”，而且吃饭也是在床上完成的（千万别问他们能不能睡着，你连续熬几个夜再试试能不能睡着）。可是我这么说，会不会对很多想去投行感受充实人生的朋友造成误导？

投行人的特长也不光是睡觉，他们在陪聊方面也非常专业。有时候，他们能陪聊一整天。打电话催个回函（麻烦赶紧发过来吧，别让我等到花儿都谢了）、坐三轮车去找客户谈谈心（想问问你跟那谁到底是什么关系）、打电话跟审核老师唠唠嗑（这个问题其实是酱紫的，我给您好好解释解释）、陪老板打打牌顺便再给人家加加油（上市是很美妙的事情，当然过程很艰难，你要挺住，我会一直陪在你身边）。

小兵想说：任何工作都会很辛苦，但任何工作也都有快乐的一面。投行，不过就是投行人养家糊口的一份工作而已。没有像一些人想的那么光鲜，当然也不像一些人说的那么不堪，我们要对任何妖魔化投行的行为说“NO”！

02 IPO就是个磨人的小妖精

我们每个投行人看到江阴银行从申报到最终发行一共经历了整整八年的“抗战”，无不唏嘘不已。其实，如果把这个项目申报之前项目接触、问题规范、材料制作等时间全部算进去，项目周期肯定已经超过了十年的时间。

其实，这只是我们看到的冰山一角，这只是我们看到的项目，看到的时间。有更多看不到的项目，有太多我们看不到的时间，只有发行人和项目组才最清楚，历经了多少黑白加班，经历了多少苦痛磨难，最后才有了大家看到的满意结果。

当一个项目最终成功，回首曾经走过的每个日夜，体会曾经经历的点点滴滴，想想忍受的难，想想宝宝心里的苦，岂是一场大哭、一场大醉就能轻易消解的？

每做一个 IPO 项目，都要下定必死的决心和必胜的信念，因为这是一场看得见开头却根本无法预见结尾的战斗，或者就是一场赌博（局数待定）。

说不定哪一天 IPO 审核的节奏就放缓甚至暂停了；说不定哪一天经济环境风云变幻，企业的发展就不能持续了；说不定哪一天老板要了脾气一生气就说不干了。总而言之，说不定哪一天就有人做出了 all in 的决定，放弃了任何扳回一局的准备。

有多少项目，纵然是走到了最后，看到了胜利的曙光，品尝到了胜利的果实，回头看看竟也是沧海桑田。

项目开始的时候，财务总监还是个刚从会计学院毕业的小姑娘，等上市的时候孩子都上小学一年级了。

项目开始的时候，签字律师刚刚开始谈恋爱，等上市的时候二胎都已经出生了。

项目开始的时候，在审计报告上签字的是这样一拨人，等上市的时候可能没有一个人能够站到最后一班岗，包括事务所负责人。

有人自嘲地说：IPO 就是个磨人的"小妖精"，每天都在折磨你，可是你又时时刻刻放不下"她"，离不开"她"。

是的，我们不论从集体还是到个人时时刻刻就连做梦都在追求转变和转型，但不可否认的是，对于绝大部分投行的朋友来说，IPO 业务仍旧是收益最高（风险也最大）、最成熟（毕竟做得多）的业务。

只是我们希望，IPO 的审核政策能够稳定，审核节奏能够平稳，纵然路途艰险，我们也能够预测到困难，看得见重点。这是我们的希望，也是最卑微的期待。

我们，都是一群靠天吃饭的苦孩子，风吹日晒雨淋都不怕，只希望风调雨顺可以颗粒归仓。

03 现在说原始股的都是大骗子，无一例外

有人打电话兴高采烈地问我：我刚买了某个公司的原始股，你给我保守估计一下我能赚几倍的收益？

有人发微信很严肃也很认真地向我咨询：我某个非常好的朋友或者非常紧要的亲戚有上市公司的原始股，要不要买一些？

我回到老家，就连邻居的大爷都神神秘秘地问我：你是干证券的，我有两万块钱，你能不能帮我买点原始股？

面对这些，我没有解释的兴趣，更没有牵线搭桥的勇气，我只能简单粗暴、义正词严地告诉他们：现在还在说原始股的，都是大骗子，无一例外！

其实，原始股的骗局也是一种古老的骗局，源远流长并且一直都如幽灵般存在，就如同是早已深入我们生活凝固在我们周围的传销或者电信诈骗。

原始股的骗局之所以叫原始股，那是因为都是跟“上市公司”相关的，因为没有上市公司的概念，也就没有原始股的说法，也就没有什么造富效应或者财富翻倍的梦想。

20世纪，当大家对企业上市还不是那么了解的时候，有人拿中国上市作为骗局的背景。进入21世纪，随着中国企业境外上市的案例越来越多，越来越丰富，又掀起了一波以国外上市作为幌子的原始股骗局。而现在，我们发现了一个不好的苗头，那就是新三板慢慢也不幸中枪可能成为原始股骗局的背书。

小兵不是说新三板不好，也不是说新三板是骗局。小兵也承认，新三板是全国性交易市场，新三板有一定的流动性，新三板有制度优势甚至以后还会有大的作为。但是我们必须要明确的是，新三板挂牌和IPO交易所上市从制度设计以及市场交易方面存在本质的差异，新三板不是IPO，新三板在流动性溢价和换手率退出方面还存在先天性制度劣势。

在这里，小兵想多说一句：任何一位将新三板挂牌和IPO上市混为一谈，刻意夸大新三板财富增加效应的人士，都是耍流氓，都有可能是新一波原始股骗局的帮凶。

说实话，虽然老百姓每个人每天都在跟金融打交道，比如买基金买理财或者炒股买股票，但是金融的专业性以及专一性对于更多老百姓来说还是显得神秘和不好理解。如果金融显示出其友好温和的一面，老百姓可能不会受到伤害甚至还会受益；但是如果金融和资本体现出邪恶的一面，可能我们勤劳善良的人民就很难招架了。

因此，在金融界这句话更加准确：傻子太多，骗子不够用了。更何况，金融界的骗子都是那么高深莫测。他可以编造企业光辉的发展前景，他可以告诉你丰厚的利润回报，他甚至告诉你一些不会告诉别人的内部机密。

天上掉馅饼的事情千万不要信，就算你看着那是个馅饼，可能里面包裹的也是板砖甚至是斧钺钩叉。在目前全民投资、全民PE

的狂欢下，有多少资金眼睛冒着蓝光在等待着好的投资机会，作为绵羊级别的韭菜得有多么好的运气才能在这场竞争中有赢的机会。华尔街不相信眼泪，金融街同样也是。

最后想说的是，本来想将一些重要的信息特别标示出来，提示大家注意的，后来发现每句话每个字都很重要，希望给大家足够的提醒。

看见网上的新闻，有人总结了防止被骗的五万字法宝。如果让小兵来说，哪有那么复杂，总结起来就是一句话：不贪图小便宜，不相信有奇迹！

3 选择，家人永远第一位

【父母已经做了一切】

01

贫穷，是上天对我的最大恩赐

父母都是面朝黄土背朝天的农民，一辈子跟土地打交道，向庄稼讨营生。如果是混个温饱倒也勉强可以，但是要供应个大学生还要承担高昂的学费，却是异常艰难的，甚至就是不可能完成的任务。

我曾经因为贫穷而经历的挫折、面对的磨难，半点怪不得父母，应该是上天给我的最好的一次馈赠。

其实，我的中学和大学，虽然生活过得比较拮据，倒也不会有那么不堪，毕竟花销并不是很多，更重要的是，父母为了以后我上大学也是攒了一点家底。别人可能有钱买名牌衣服吃大餐，我可能没钱上网、逛街和旅游，不过至少吃饱穿暖还是可以实现的。

因为攻读的是法律专业硕士学位，学费要比其他类型的高很多，这一下子彻底击垮了父母和整个家庭。学费肯定是不能及时上交了，吃饭也就自然而然地成了难题。

非常感谢当时的学校给我们贫困的学生缓交学费的特殊待遇，但是仍旧印象深刻地记着，我因为五千块钱蹲在学校花坛边欲哭无泪的那种绝望的感觉。

学校提供了勤工俭学的机会，我也会为了挣稿费疯狂地在学校的刊物上发表文章，但是这些收入我是要跟父母一起努力攒学费的，吃饭仍旧是需要我自己解决的一个大难题。

【不吃早饭的日子】

上学的一半时间在深圳，那时候只有考试的时候才会吃早饭，早饭就是两个包子加一碗豆浆，因为豆浆是可以无限续杯所以总是喝得很多，平时都不舍得吃早饭。

午饭是吃得比较奢侈的一顿饭，一来中午下课大家都是一起，都去吃饭你不去吃，面子上都过不去；二来早饭不吃午饭再不吃那肯定就浑身没劲没法正常生活了。午饭一般要花上五六块钱，打一份肉菜，如果再破费一点就是再来一个素菜，素菜一般就是一块钱一份的特价空心菜或者圆白菜，米饭能吃多少就吃多少。

晚饭基本上也是不吃的，一般都是用方便面和发面饼充饥。记得上学那会儿学校周围有一个超市，就喜欢去那里买发面饼和福满多的方便面（康师傅的是吃不起的），买一次差不多就能吃一个星期。

回到北京，由于要面临写论文和找工作两大难题，为了有个好身体，生活水准还是稍微改善了一些：早饭断断续续地吃，不然跑招聘会哪有力气投简历；午饭也要吃饱，累了一上午必须犒劳自己。由于 THU 每个餐厅有爱心窗口，一份豆芽和白菜只要五毛钱，晚上也就能凑合着正常吃饭了，虽然可能吃得没那么好。

记得很清楚的是，夏天的时候餐厅里有冰镇的西瓜和饮料，那是真的馋啊，所以每次吃饭都要做一个艰难的决定，要有所取舍。要是吃一份肉菜那么西瓜或者饮料就肯定没有了，要是想吃西瓜或者想喝饮料就只能吃素菜了，于是我那时候就立下了一个伟大的愿望：我要将来每天都能吃肉还能吃西瓜，我要买个冰箱，里面全放饮料，喝都喝不完。

【学会了感恩】

因为这样的经历，我可能错过了很多东西。同学之间的聚餐或者班里举行的联欢我应该都缺席过，现在偶尔老同学讲起来一些有趣的事情我一点印象都没有。我也没有跟别人一样去谈一场校园爱情，虽然我知道我风趣幽默有才华，可是贫穷带给你的自卑没有任何东西可以替代。

但是，我也收获了很多。我每天过着“三点一线”的生活，我疯狂地读书、看电影、看体育新闻。我疯狂地去上课，不管是早上的还是晚上的、本校的还是别校的。我把自己的苦闷和梦想都写进了文字里，这也锻炼了自己的写作水平，遗憾的是，很多文字现在都已经找不到了。因为买不起书，我就借图书馆的书然后以类似抄书的疯狂模式去做读书笔记，所以我到现在感觉字写得还不是很差。

因为以前的经历，让我现在更懂得了知足，更知道了感恩。我知道现在得到的已经远远超乎了我以前的想象和梦想，我更应该感恩周围的同事和朋友，能够互相帮助，完成彼此的梦想。

研一的元旦晚会，大家要互相认识还要表演节目，我竟然没有一双可以穿得出去的鞋子，后来是一个老乡送给我一双皮鞋，据说是他结婚的时候穿的，质量还挺好，我一直穿到毕业。我深知这种被雪中送炭的感觉，我也争取能够努力帮助别人。

如果年轻的朋友向我请教问题，只要我能看到也能够回答，我一般都会回复。偶尔会有实习生跟着我，我不能保证可以传授给他们多少专业知识，但我首先保证他们能够吃好喝好没有后顾之忧。或许有一天，我也会尝试主动去帮助更多的人，比如我让更多的人跟我一起去写书，或者我将稿酬捐出去给贫困的学生。

贫穷，上天对我最大的馈赠；感恩，我会一直努力！

02 那一刻，我泪流满面

一到年底，年会就会特别多。就个人而言，小兵是从心底举双手欢迎这样的活动的，不论是大公司还是小企业，大家伙儿都忙活了一年了，就应该聚在一起好好喝一顿，好好开心一下。

小兵支持并欢喜年会，但是参加的年会并不是很多，主要是因为小兵一直都适应不了人多的场合，只要人一多就浑身不自在，感觉像中了病毒似的。为了不让自己出丑，更是为了不给别人添麻烦，小兵一般都会婉拒年会的邀请。

去年年底参加了一个年会，很重要的原因在于企业老板资助了一些贫困大学生，并且还邀请了学生的代表和家长的代表来到企业一起过年。

企业的规模有大有小，个人的能力有高有低，但是每个人感恩和向善的心应该都是温热和平等的。这家企业的规模并不是很大，活动组织得也很粗糙，可是小兵就是尊重企业家为贫困学生做的一切，所以来参加他们的年会。

三个孩子和一个孩子的妈妈，代表所有被资助的人上台与大家分享自己的感受。孩子穿得那么朴素，发言应该也都是提前想好的，好像多说一个字都是那么不可能，声音因为紧张还有些颤抖。孩子的妈妈为了保险，就直接将需要说的话记在了一个红色封皮的笔记本上，大声地朗读完毕好像完成了一个神圣的仪式。大家的发言基本上都是一个意思，就是感谢好心人的帮助，以后成才了一定会回报社会报答好心人。

熟悉小兵的朋友都知道，我上学的时候贫穷过，也觉得孤独无助过，也曾经想过如果有人能够拉我一把该有多好。在我上研究生的时候，村里的一个包工头借给我五千块钱的学费，我毕了业挣了钱跑到家里还钱时，我跪下给他磕头。

就在那一瞬间，我仿佛穿越十几年找到了自己的模样，也体会到了自己的心情，眼泪止不住地往下流。真的，人的一生都会被很多东西刻下一辈子都不会忘却和磨灭的烙印，比如初恋，比如苦难。年少时因为贫穷给我留下的印象我以为我已经忘却，其实我发现只要给它一个小小的机会，它随时都会跳出来告诉你：你不应该忘记，你应该一直感恩。

贫穷不是任何人的错，但是贫穷就是一种宿命。有时候你摊上它了，也就只能靠你自己努力去摆脱了，摆脱了贫穷你就打破了宿命，如果没有摆脱那就下辈子继续努力，其实就是希望自己的子孙继续努力。

这些孩子是幸运的，他们自己没有办法去改变，但至少有人已经在帮助他们，大学四年的学费不用发愁了；毕业了，至少可以找一份温饱持家的工作。当然，更多孩子是不幸的，他们或者对于贫穷的宿命束手无策，或者正在打破宿命的路上遍体鳞伤。

希望能够有更多的人可以帮助更多孩子，小兵现在没有大富大贵，但至少可以保证衣食无忧，这与我年少时候的境遇已经不可同日而语了。小兵以后也会争取努力去帮助更多的人，无论以任何形式、任何方式，只要这样的方式是有效的、温暖的。

谢谢，每一个善良的人，好心的人！

03

家人和工作，谁该排第一

——若水

【项目申报，突发意外】

2016年12月25日，周日。晚上10点，窗户外淅淅沥沥下着小雨，台灯下，我正在赶申报材料，还没洗漱，有点累和困。突然接到陌生来电，电话那头，盐城老家舅妈惊慌失措地说：“你妈晚上九点多被车撞了，现在被紧急送往医院。”

我呆住了，大脑一片空白，不知道怎么办。老爸和我常年在上海，老妈一个人在老家，大晚上才下班，还下雨，马路上也太不安全，万一出啥事，那将是一辈子内心的痛。树欲静而风不止，子欲养而亲不待。内心痛苦，但一个人在外遇事必须果断抉择。我很快镇定下来，决定立刻连夜赶回盐城医院。

大晚上，老爸住在上海其他地方，他说这么晚没有大巴车回盐城，等明天再回。我啥也没说，直接在滴滴下单顺风车。也许是老天保佑，正好附近有一辆顺风车连夜回盐城。就这样，我一个人匆匆忙忙，不问价格，不带衣服，连夜赶回盐城，整夜都在祈福，整夜都在路上。

刚坐上顺风车没多久，老家又来电话说，我妈被救护车送到县医院。我心里咕咚一声，很难过，立刻让司机改变行程，再单独收费。直到2016年12月26日凌晨4:30，才到我从来都没有去过的县医院。冬雨滴落在地上，滴滴答答地响着。

我心急如焚，直接付款下车，也没带伞，一个人在凌晨4:30的空荡荡的陌生医院晃荡，家里陪护亲戚都睡着了，打电话没有人接，我只能借着手机微弱灯光寻找，最后还是找到了住院部，根据指示牌按电梯4楼，电梯却没任何反应，内心有点紧张。

抬头看到两台电梯一个奇数停一个偶数停，换了旁边电梯，电梯门开了，医院电梯门特别宽敞，方便放置看护推车。此时此刻，这样的陌生场景显得特别恐怖。硬着头皮也得上，到了4楼又是一个病房一个病房地找，终于找到了老妈住的病房，看护老妈的亲戚都趴着睡着了。

老妈看到我来了，喊着我的名字。看着老妈头部鼓起，纱布上全沾着血，听着她痛苦的声音，我忍不住淌着眼泪，握着她的手，摸摸她的额头，安慰着说没事的。一直坐到天明，等医生来查房，跟医生到办公室沟通了病情以及注意事项，医生嘱咐现在还不能吃饭，跟亲戚了解了一下昨晚发生的大概情况。

【个中滋味，自己体会】

接下来几天，我除了下楼买饭，每时每刻都陪在她身边。老妈在吸氧、打点滴、药物治疗下，病情得到好转，终于可以喝点粥了。我就买好粥，一口一口喂着她吃，来的时候啥衣服也没有带，冬天晚上累了就躺在折叠床上披着外套睡一会儿，随时还要应付晚上护士换盐水以及夜里老妈起来上卫生间等事情，只能浅浅睡眠。

这几天正好处于项目最后申报期，我跟领导请假，讲清楚情况。但是，项目离不开人。白天，我推着看护车到楼下一层二层做 CT 和 B 超的路上，跟医生沟通病情时候，接待前来看望的亲戚的时候和送他们回去的路上，与医院财务沟通医保报销时候，外出打的去服装店买睡衣的路上，项目负责人随时随刻打电话催着项目进度。我讲清楚情况，项目负责人说“这个不是理由，你可以请保姆看护”。

我咬咬牙，保证按时保质保量完成任务，不解释，不废话！医院无线网很不稳定，信号很弱，没法办公，我就打开手机热点用电脑上网。有时候在下楼做检查的路上接电话沟通项目进度和问题，有时候在嘈杂环境下用手机直接接入内核会电话会议，对方内核委员质疑“为啥这么嘈杂，是不是客户在旁边？”

我只好跟旁边病人的亲属一次又一次打招呼，让她们声音小一些，但还是嘈杂，内心很崩溃，毕竟医院的环境本来就嘈杂。别人没有义务配合你的工作，况且她们也不知道我为什么这么忙！

项目申报前一夜，项目组一夜没睡觉，我在病床旁边的小桌子上通宵制作申报材料，我自己都不知道手机一晚上停机了三次，项目负责人在微信群里责备手机怎么老停机、责备我怎么回复那么慢。

他不知道我那几天光手机费就花了三四百，凌晨 5 点累得趴在桌子上眯了一会儿，微信群就炸了锅，别人不会理解你的难处，连护士姐姐都觉得我的行为很异常！因为这些是投行外部人士无法理解的，只有投行项目人员才能理解的。我不解释是因为我解释了没有啥意义，我要的并不是同情和理解，而是责任和担当。

【一切安好，重新出发】

当工作和亲情冲突的时候，我始终将亲情放在第一位，因为我重感情，其次才是工作。但这不是说工作不重要，而是工作太重要，没有工作甚至连医药费都是问题，但金钱再重要也绝不能超越亲情。

在亲情与工作的冲突下，我两边奋战，项目终于在 2016 年 12 月 30 日报上去了，老妈病情也好多了。元旦假期结束前一天的午后，老妈也好得差不多了，在老爸的搀扶下也能下床走路了，有老爸在照顾着，我也该回上海上班了。

我一个人走出医院，在栅栏外静静看着这个陌生的医院，百感交集：这个星期，无须多说，难忘！我想我是该“出发”了。

04

拼搏可以，但别拼命

——毛青

【初入职场，埋下隐患】

2011年，大三的我，不愁找工作也不想考研，没课的时候就在某银行个贷部实习。然而，这次实习却在我心底埋下了对银行难以磨灭的偏见。

很多员工常常一个礼拜都不见人影，所以我花了整整一个月的时间，才把部门同事认全。他们的办公桌杂乱无章，好似废弃已久。即使正常上班的“职场妇女”，也都保持小休—午饭—逛街—战利品分享—坐等下班的节奏。

当时的我，还很傻很天真，痴痴地幻想着未来职场的无限精彩，所以我坚定地认为“毕业后进银行 = 从此将与大妈一路同行”。现在想想，见识浅薄、以偏概全的人真可怕！

2012年，大四的我，来到深圳进入会计师事务所实习。每天加班的生活，让我在跟家人吃个饭的时间都恨不得睡着。无奈受虐倾向太严重，我坚定地认为“我充实我快乐”。那时，我跟傻子一样庆幸自己找到了世界上最能长知识的工作。即便家里人没一个人支持我，即便事务所的师兄师姐一个劲劝我“苦海无涯，回头是岸”，我也依然义无反顾、奋勇向前。

2013 年，终于毕业的我，以无比欢欣雀跃的姿态，过上了真正全职加班的生活。凌晨两三点睡觉已成常态。同时段入职的小伙伴悄悄告诉我，“做事慢一点就可以少做一点”。当时顶着一身正气的我，对这种想法嗤之以鼻。我不仅要做得快，还要以自己最快的速度做！于是，智商不够、时间来凑。

初入职场的我，还没有形成所谓的工作方法，更没有提高工作效率的意识。所以，我用无数个深夜，硬生生憋出一张张 Excel 表格。白天的工作做不完，只要想一想还有漫漫长夜里的大把时光等着我，紧张的情绪就会缓和许多。依赖是一种病，一种难以治愈的病。

2013 年的国庆假日，或许是我此生最难忘记的一次惨痛经历。那时，在审的一家企业没有电子版银行对账单，企业财务只好一趟趟地从银行运回像山一样高的纸质对账单。看纸质对账单必然会大大降低审计工作进展。然后，项目经理给刚入职的两个新人（我是其中一员）安排了一项光荣而艰巨的假期任务：用人工输入把纸质对账单转换为电子对账单。

对于激情高涨的加班者而言，这样一项需要耗费大量时间、严重考验耐力的工作，就像是黑夜里的一束光，让人兴奋得不能自已。誓夺第一的我，放弃了提前安排好的一家人香港三日游，为此我爸还跟我吵了一架。

为了提升输入速度，我还特意买了小键盘。甩开家人、配好装备的我，在电脑前一坐就是 4 天，真真儿是叫“废寝忘食”！这一刻，我感觉到的只有工作（其实也就是敲键盘）的热情，实在饿得不行就叫个外卖，实在困得不行就躺三四个小时。为了争分夺秒，我连水都不喝，这样就可以少去几趟厕所。当然，澡也是不需要洗的。不眠不休奋战到第 4 天中午，将成果发送到项目经理邮箱之后，我才如释重负。

刚毕业的那两年，我一直保持着这种热（亢）情（奋）的工作状态。有过，也觉得好累好想放弃，但家人说“自己选的路，怎能不坚持到底”。前有哥姐立下的成功标杆，看着他们在各自的道路上披荆斩棘奋勇向前，我觉得自己离他们越来越远。十几双眼睛无时无刻不在盯着我，仿佛在说“接下来就看你了”。我只好咬牙硬扛，但硬扛的意义是什么，我早已不知道。

直到 2015 年公司体检，我被检查出“乳房长了瘤”。我病了。

【入院手术，痛彻心扉】

刚得知长瘤的时候，医生的反应之强烈，让我觉得自己得了不治之症。不过她的反应倒也绝非空穴来风，毕竟在一片小小的区域里就长了大大小小接近 20 个瘤。检查结果，引起了我们全家足够的重视。

刚开始，我对手术是强烈排斥的。我辞了职，奔波于深圳、湖北、云南，四处求医，中药一锅接一锅地喝、蜂针一针一针地扎，依然未见任何成效。最后，曾说能治好我的大师们，都放下了旦旦誓言劝我：还是手术吧。

入院那天，医生跟家人说，准备两场手术，一场开刀，一场微创。我心情轻松，一点也不担心。毕竟，跟病友们聊天，她们都说：一点也不疼，完全没感觉（后面才知道这是大坑）。

第一场手术，局部麻醉，两名医生，一个主任医生和一个年轻姐姐。从打麻药之后开始疼，全程意识清醒，能听到医生把取出来的瘤放到器皿里的清脆叮咚声，能感受到医生在拉扯、在切割，还有呲呲声和烟味。

这些触感、声音和气味，并没有化解我的疼痛。我想着咬牙挺过这一关，后面就轻松了，再难也得忍着，拿出“把牙咬碎往肚子里咽”的勇气。两个小时的手术，我就那么死攥着拳头，没有发出一声惨叫。第一场手术结束后，医生们都夸赞我勇敢坚强，我舒了一口气。

三天后，真正的噩梦才开始。我被再次推进手术室，这回医生将撕开纱布、在尚未缝合的伤疤周围进行第二场手术。微创手术的原理是将刀伸入体内，找准瘤的方位，在体内像电钻一样四面八方切割，被切小的瘤从刀口尾部的长管流出。

考虑到麻药的副作用，医生只针对单个瘤局部中的局部进行麻醉。我疼到尖叫，疼到无声抽泣，疼到无力反抗至绝望，那是用刺刀在心尖尖上划拉、切割的痛感，一下接着一下。躺在手术台上，我想到这样的感觉今后可能还会重复体验很多次（听说这个病的复发率很高），就对未来的人生充满了绝望。或许，一次性来个痛快的，会更好一些。

【豁然开朗、生活美好】

手术过后，我的心情缓和了很多。一个躺在病床上动弹不得的人，有了大把的时间去思考和反省人生。从前，我那么焦虑地急着证明自己、急着迈向所谓的成功、急着追逐一切的一切。到头来，才发现用透支自己的身体所换来的那些成功，显得多么微不足道。

于我而言，2016年绝对是个多事之秋。年初，莫名其妙突然“被”

分手，有段时间一直沉浸在痛苦失败之中。年末，在病床上第一次对往后的生活感到恐惧甚至绝望。后来我都自嘲“年初经历心理的痛苦，年末感受生理的折磨”。

好在经历过这一切，我还能安然走来。所有发生的事情都是因果必然，并不存在什么上天故意要给你一个突然的惊喜，不，惊吓。孟子说：“天将降大任于斯人也，必先苦其心志，劳其筋骨……”但在我所遭遇的这一切面前，并没有什么“天降大任”。

一位朋友曾跟我说：如果你的身体开始出现状况，意味着你现在的生活状态需要被改变了。生一场死不了的大病，在我看来其实是好事，是对现代焦虑人的警醒、是给了现代人做出改变的勇气。

看医生的时候，所有的医生都会跟我说同样的话：心情要好，压力不要太大，不要熬夜。相信这是所有职场里的奋斗士，所渴望达到的理想状态。然而，任何一个对前途有所期待、努力拼搏的人，都不可能日日达到这样的状态。我们能做的，只是尽自己所能向这条线靠近。我并非要倡导大家贪图安逸的工作，毕竟我自己也做不到，但是要懂得衡量自己的身体状况，量力而行。

2017 年元旦，在家人朋友互道新年快乐的祝福声中，我也心怀着美好的憧憬和期待，许下新年愿望，2016 年已经过去，2017 年必将美好！庆幸的是，2017 年已经过去 7 个月，所有发生的一切都在我的预想中，不至于完美，但足够美好。6 月复查身体，没有复发，医生嘱咐不要过于关注病情，好好生活。

论工作，我找到了自己真正的兴趣，不再盲目、不再毫无章法。在做每一件事之前，我会想清楚关注点是什么、要达到什么目标、以什么方法下手，不仅效率提高很多，汇报工作思路也很清晰。每件事都扎扎实实做好并且要做得漂亮，得到老板的器重与信任。

行业研究、财务分析、股权结构重组、股权激励等，每一项我做过的事情，都让我沉迷。查资料、做研究、写方案、认识同行业的“猩猩”人类，与他们交流，拓宽知识面，养成主动思考的好习惯。我的每一天，都在有目标地充实着。

年初，我以一封自荐邮件加入了小兵团队，自此开始乐此不疲地研究写作。透过每一篇作业，我都能看到自己的收获、不断学习的动力满满。我还认识了许多优秀的、志同道合的小伙伴，他们给我立了标杆，是我的榜样。

论生活，开始懂得无缘的人彼此相忘于江湖是最好不过。我不再像从前那样，而是给生活留了更多的时间和空间，运动、旅游、阅读、会友，做一切以前没有做过的新鲜事，并且每一件都让我觉得兴奋与激动。

谈到关爱身边的家人与朋友，回想起来，以前做的实在太少。现在很多人会讲求工作与生活的平衡点，在我看来，如果工作是兴趣，那它与生活并没有绝对的分界点，生活中的所见所闻所感也可以促进工作很多的反思。

论压力与心情，活在充满竞争的年代，处处都有压力存在，而压力会让我们焦虑，焦虑影响我们的心情。现在我秉承一个观念，那就是身体条件允许下竭尽所能，尽了全力，结果总不会差，如果做得不够好，那么便立刻改进。以平和认真的态度对待工作，是我认为的最好方式。

不急于求成，脚踏实地付出过，或早或晚，总会收获。而生活也是一样，尽管处处有抓狂，只要生命还在，家人朋友还在，任何事都是可以解决的，将精力花在如何解决问题上比抓狂来的更好。

换个角度思考问题，生一场死不了的大病是好事，它提醒我们在以后更长的岁月里，不断寻找健康、工作、家人的最好状态。从当下做起，千万别等到我们的身体向我们发起抗争时才觉醒、才改变。

4 无愧于心，就不必取悦全世界

【只求一粥一饭】

> 01
> 既然无法取悦所有人，那就只求无愧于自心

做了十多年投行，看到过太多因为利益产生的纷争，也悲叹任何情谊甚至血缘关系都在巨大利益面前不堪一击灰飞烟灭。后来，自己总结出了一个不恰当甚至混蛋的一句话：利益面前人人平等。

其实，每个人为了利益去争取去奋斗都无可厚非，马克思支持这样的行为，我们的圣贤也不避讳这样的选择。只是，我们都要知道一点：君子爱财，取之有道。

我们是否正处在一个言论自由的时代我不知道，但是我们现在至少生活在一个言论爆炸的环境中。微信平台说，每个人都有一个属于自己的品牌。确实如此，不管这个品牌是卖鞋子的、卖保健品的、发帖当水军的、写软文“敲诈”别人的、发“毒”鸡汤诱惑你喝又让你欲罢不能的……

我们每个人都愿意发表自己独立的观点，同样我们现在也有足够的条件和渠道去发表自己的观点。当然，我们也都做好了心理准备，那就是我们的观点不可能得到所有人的认同。

你发表一个观点，有人会鼓掌欢迎，也有人会骂你；你分享一张图片，有人说好美好漂亮，也会有人说你不要脸、瞎转悠；你做成了一个项目，有人说恭喜你不容易，也有人说要我做比你快、比你好。

我们说任何话、做任何事情都无法取悦所有人，我们更没必要为了取悦所有人而去发表一些观点。可是你要说，我总是要说话做事的啊，那就只有一个原则，无愧于心。我们不能睁着眼说瞎话，要说对得起自己良心的话，更不能说话是为了骗人甚至是为了害人。

【千万不可骗人】

传销组织的话很让你动心，他们是为了要你口袋里的钱。卖保健品的小姑娘的声音很甜对你也很体贴，更多的也是看中了你口袋里的钱。门口发游泳健身传单的小伙子每次见你都问你上班了下班了，说不定你办了年卡之后希望你永远不会去锻炼身体。

同样……

新三板已经发展到了一个历史的“瓶颈”期，进退不得，但仍旧有人说新三板是中国的纳斯达克，新三板只要推出精选层就可以彻底翻身。现在竟然有人说新三板发展不好是因为从业人员素质差，券商服务意识不到位，没有系统性考虑新三板的发展现实。

很多人都是靠新三板来挣钱吃饭的，有的招了人写研究报告，有的人租了场地开了新三板培训机构，还有很多人拿了真金白银投资了新三板。你可以说新三板还有梦想也有希望，可是不能闭着眼说瞎话吧？新三板挂牌企业的质地、企业董事长的脾性、股转公司的作为，你们心里没有一点数吗？

睁着眼说瞎话倒也没啥，还有很多人拿出自己珍藏多年的新三板股票，偷偷告诉你的亲戚、你的朋友、你的父老乡亲，说这可是上市公司的原始股，一般人都不会，市场上现在都五十块钱了，我二十块钱便宜卖给你如何？

过年回家，有几个老乡都拿出原始股的购买合同给我看，问我收益怎么样，能不能赶上孩子上大学或者娶媳妇，有的三万有的五万。我大骂他们一顿说以后不能干了，他们都说我绝情，出去工作干好了就忘了父老乡亲，不帮着挣钱就算了还打击积极性，弄得连我的父母在家都很难为人。乡亲们，要是原始股那么好挣钱，我怎么不让我的父母先富起来，还在家里种那几亩地干啥？

Fsk IPO 成功过会，很多人在关注，小兵觉得这不过是特定历史背景下一个特定的事件而已，就如同你在一条高速路上正在平稳进行，突然想下车上厕所，然后上车继续赶路。为什么我们一定要给这样的一个偶然事件，做一个制度上甚至是方向上的定性呢？有人说，富士康是历史额度制的倒退，有人却看到了“定向注册制的魅影”，小兵认为，有脑洞不去做编剧都可惜了。

熟悉小兵的都知道，我是一个说话特别直来直去的人，当然说话也是有时候靠谱有时候不靠谱，反正有点口无遮拦。就是因为这样，也得罪了很多人，也结识了少数百毒不侵已经对我无语的好朋友。

小兵的观点，不论是正确还是“胡扯”，不论是一个人支持还是一百个人反对，都是不违背自己的良心去说，是通过自己的独立判断去发表观点。我看到的是什么就说什么，我思考出什么就说什么，我不睁眼说瞎话，也不会去骗人，更不会去害人。

02 除夕，我陪虎子哥放烟花

【我的年味里有硫磺】

现在一到过年，我们这些早已经没了青春的准中年人都是更愿意回忆曾经小时候过年的美好，进入本命年的我更是如此。妈妈新织的毛衣、纯肉馅还能流油的饺子、给老人磕头拿到的崭新的五毛钞票，都是我们现在念念不忘的年味。

对于我来说，年味里还有一种味道，同样让人久不能忘、欲罢不能，那就是鞭炮燃烧完那股浓浓的硫磺味道，那也是新年不可或缺的一部分。过了腊月二十四小年之后，包饺子要放鞭炮，从水井里打水要放鞭炮，出门走亲戚也要放鞭炮，这些工作都绝不旁让，统统由我代劳。

鞭炮总会有一些没有响的哑炮，我和小伙伴还有一个重要的任务就是满世界去收集这样的哑炮，然后进行各种创意的再加工，那也是我最欢喜的一件事情。将哑炮重新更换上一个引线再引爆一次，把哑炮里的火药都拆出来汇集到一起然后点燃了过把瘾，还能把火药集中到一个小瓶子里然后拿到池塘去炸鱼，或者跟金鹿牌自行车的链条一起制作一把拉风的玩具火药手枪……

按照不成文的规矩，过年的时候大人是不能随便打骂小孩的，这也是我们小时候愿意过年的重要原因之一，总是可以嚣张几天，以前不敢犯的错误，这几天都还是可以轻松略过。因为收集哑炮，每次被大人抓到都会被严肃批评，可以想象，这要是放到平常，一顿棒打是免不了的。可是，who cares，大人管得越严说明这个越有意思越刺激，自然就干得更起劲。（小朋友不要模仿，不过想模仿现在也几乎没有可能了）

【为了环保我不放鞭炮】

虎子哥2016年在老家过的春节，终于发现放烟花（主要是呲花不响的那种）原来是那么爽的一件事情，可比吃“开封菜”和“金拱门”甚至玩手机更有意思了。家里有爷爷奶奶姑姑大爷，一圈的亲戚也愿意陪着他去玩，老家也没什么高端的烟花，现在基本上都还是几十块钱就能买一大兜子那种哄孩子的玩意，虎子哥却是很喜欢。

2017年，虎子有了弟弟，自然是不能回老家过年了，可是虎子哥说还想放烟花。我说我们要追求环保，不能放烟花，虎子哥眼泪就下来了。跟孩子说什么环保，大不了我陪孩子放两个烟花，我2018年衣服全部手洗，我上班只坐公交车，打印文件都双面打印好了吧。

这么安慰自己，也就决定去满足孩子的愿望，当然是我们要只买一点点，只放一点点，不然就会咳嗽感冒又要去抽血打针的。对虎子来说，好像只要能放烟花抽多少血都愿意似的，不过现在主动权在我手里，他必须都得听我的：给爸爸把拖鞋拿过来，给爸爸把电视打开我要看球赛，给爸爸把手机拿过来我查一下去哪里买烟花。

【到一个可以吹走大胖子的地方买到了烟花】

以前记得楼下就有三个烟花销售点，今年怎么一个都没有了呢，难道还没有到销售的时间，不对啊，今天都腊月二十七了。

上网搜一下吧，才知道2017年修订了最新的烟花燃放规定，为了让大家不放烟花少放烟花，先从供应上就要严格控制。当然，不能说让老百姓买不到烟花，只是说比较难买到烟花。

在网上查询到了十几个卖烟花的销售点，怕网上给的地址不准确，又找了好几个版本互相对照一下才确定。对于虎子哥交代的事情，我是从来都不敢有丝毫怠慢的。

这些销售点自然都是在五环之外，凭借自己十多年对北京地图的粗浅认知，选定了一个离自己感觉最近的地方。那个位置在两个道路交叉口东北角往北五十米，这样的一个位置导航都难精准的，只能先找到其中的一条道路然后到了再慢慢找了。

到了导航的位置，心里凉了一大截，感觉荒无人烟怎么可能有人在这里卖东西，转了好几圈没找到，都在心里打草稿想着怎么去安慰虎子哥了，尽管这很难。突然，虎子哥尖叫起来，说快看那里有人，是卖鞭炮的。定睛一看，在路边桥底下有一个棚子，果然是卖烟花的，那一天的风真大，恰巧那里是个风口，尽管虎子哥买烟花的热情极其高涨，不过也扛不住西北风的摧残，买了几个小花炮就一直催促着赶紧走吧，已经够了，我不要了。

少买少放，意思到了就好，在西北风的肆虐下，我们爷儿俩在这个问题上瞬间达成了高度一致。

【半夜出门放烟花】

烟花销售点那里是有很多警察的，买的时候我还跟警察确认了一下什么时候能放鞭炮。他们说除夕到初五的晚上 7 点至 24 点是可以的。我的理解是五环之内是这个点允许放，五环之外可以随便放，看来还是我的规则理解能力有问题。

当警察说这个观点的时候，他可是站在五环之外的土地上，自然说的是五环之外的政策。后来我又拿出来当年研究公司法的劲头好好研究了一些规则，原来是五环之内什么时间什么条件都不能放，五环之外上述的时间点可以放，并且五环之外也可以划定一些区域是不允许放的。

除夕看春晚，第一个语言节目，贾·湖人名宿·takers·玲（贾玲）的节目我觉得还是不错的，本来对今年的语言类节目有了一些期待，想不到开始就是高潮，无敌小旋风来无影去无踪。等看到冯老师在春晚上表演“诗词大会”的时候，彻底绝望了。丁老师问我还看春晚吗，要不去放鞭炮吧，我说，走。

开着车子上路，不出所料，路上确实没有什么人，尽管如此，心里还是有些小慌慌。看到路上稀稀落落的车子，丁老师说这些人应该也是跟我们一样要去放烟花的吧，我说可能是。

去哪里放呢，只能是五环之外，现在位置是西三环，那我们就是一直往西开过了西五环再说。一路上大家确实很守规矩，没有看到放烟花的，倒是看到了很多大年夜加班执勤的警察，警察叔叔辛苦了。不过警察越多，越增加了我们好像半夜不过年出去干坏事的感觉。丁老师说这些警察是不是就是检查谁违规放鞭炮的，我说可能不是。虎子哥很紧张，说我们不会被警察抓走吧，我说别胡说八道。

五环之内没有放鞭炮的，我们想着过了五环是不是就能找到组织，有一个热闹非常的地方很多人围在一起放烟花。我们也赶紧加入，互道新年快乐，然后开干。

我们想多了，过了五环来到辅路，也没有看到放烟花的，甚至没有看到一个烟花的包装和燃放后的碎屑。这让我们一家人心里更加紧张，不确定五环之外是不是就能放，我们是不是仍旧在禁放区里。

我们就这样开着车走走停停，这个地方是小区门口不能放，这个地方是企业办公的地方不能放，这个路口不远处有警车更不能放。要不在这个地方？也不能放，因为旁边是加油站。

我们过了西五环还一直往西走，我猜想如果我们再这样开车走一段时间，会不会真的会有警察找我们谈话。

【烟花绚烂，这是孩子过年永久的记忆】

七绕八拐，前面终于看到一个灯火通明、人还很多的地方，丁老师和虎子哥很兴奋，前面说不定就是集中放烟花的地方。结果过去一看，是商场里员工刚下班呢，都是在等着回家的，晚上11点下班，真是够辛苦的。

商场旁边有一块空地，我决定就在这里开始我们的“事业”，丁老师还有些担忧，我说再不放一会过了12点又不能放了。那就放吧。（此地不是禁放区）

又闻到了熟悉的硫磺味道，虎子哥好像瞬间才感受到了过年的那种氛围。对于现在的孩子来说，好吃的基本上每天都能实现，新衣服也是随时都可以买了穿上的，压岁钱只要撒个娇平时也能拿到，因而对于我们曾经期待过年的“三大法宝”哄现在的孩子，基本上都失灵了。唯有烟花，成为孩子过年的最爱，也是唯一的念想和期盼。

我一定践行环保的理念，我也不后悔给了孩子一段过年的回忆。

03 天知道我们都带着多少偏见理解这个世界

深秋冰雨，与昏灯棉被为伴，偶然想起了几个小故事，一直在心里没有抹去，想与大家分享。

第一个故事，是在读法律研究生的时候，授课老师讲到的，著名学府的著名教授。

老师在火车上遇到一年轻貌美的女子，穿着也很是新潮，吃着法式饼干，喝着美国咖啡，普通话很标准，其中夹杂的英语也无可挑剔，不管怎样看，都是一个优雅的好女子。

不知道为什么，突然间接到了一个电话，画风突变。女子打电话的声音变得有些大，且说着一些听不懂的方言，更让老师不满的是，这个女子竟然说："刚才去上个茅房，肚子有些难受。"

老师当时的结论是，人啊不应该只看外表，有时候更要看修养，同理，看问题不能只看表面的。当时我觉得很有道理，竟然无以反驳。

后来，我毕业工作，偶尔也会吃着大餐喝着红酒跟"上流人士"交谈，如果母亲打来电话我也会画风突变。声音变大，是因为母亲耳朵不好，我怕她听不见；说着方言，是因为跟家里人打电话自觉不自觉就会无缝切换；我要说去洗手间母亲不一定理解，因为母亲只知道去茅房。或许，那位女子遇到的是同样的情况。我不觉得我有什么问题，我也不再觉得那位女子有什么问题，我可能更会敬佩女子的孝顺。

第二个故事，是在工作没多久了解的，出处已经不是那么详细了，好像是金融公关，也好像是猎头公司，或许都不是。

这个人给一个据说是金融界的大佬级牛人打电话，商讨一些很高级别的业务，从电话里听到了公交车报站提示下车的声音。这个人觉得大佬人物怎么能坐公交车呢，是不是这个大佬是假的或者是空有虚名，瞬间对大佬的兴趣减弱了很多。

为什么大佬就不能坐公交车，为什么坐公交车的就不是大佬，这个逻辑本身就带着偏见和傲慢。再说了，或许大佬只是散步临时走到了一个公交站点，或许大佬今天不想开车偶尔体验了一下生活，再或者是什么……只是，如果我们没有太多偏见，任何的理由看起来就那么容易理解，如果我们有着自己固有的偏见，我们周围好似一切就都与自己想的不一样。

还有那个著名的故事，就是公交车上的黄色座位都被年富力强的年轻人坐了，大家理所当然地认为年轻人不懂礼貌。当然，后来很多人都明白了，如果公交车上没有需要帮助的老人孩子等人群，年轻人为什么就不可以坐黄色座位，难道就让它一直空着不能坐吗？只要是有需要的时候年轻人能够及时让座就好了，这不应该成为苛责年轻人的理由。

有太多的事情，因为我们自己固有的偏见而变得不可理喻甚至是暴跳如雷，觉得伤害了自己损害了别人甚至是污蔑了国家。其实，有些人可能有自己的苦衷，有些人可能有自己的难处，有些人可能愿意做得更好而没法做到。或许，他们比我们更加善良更加淳朴，也更加愿意努力，只是我们有时候不理解甚至不愿意去理解而已。

04 航班取消了，能对我们好一点吗

在大中国坐个飞机，晚点一个小时那是幸运的，晚点两个小时那还是幸运的，晚点再多了只要是还能够飞都还是不错的结果。如果要是飞机准点起飞了，要么是你运气超级好，要么就是你要赶早。

飞机除了晚点，也有在天上飞了一圈又回来的，还有就是飞机故障了明天再飞，拉你去酒店休息去，最惨的可能就是一个广播或者短信，告诉你航班取消了。

在天地之间，我们都如同蝼蚁，也真的无能为力。因为天气原因航班发生了变化，我们都可以理解并且支持，我们知道航空公司也是为了我们好，为了大家的安全，安全比什么都重要。可是，在天地之外，我们人与人之间能不能多一些谅解和帮助呢。

我说说我今天的情况吧……

明天因为有一个重要的会议，就是以备万一航班晚点的情况后面还有点退路，才订了一个下午的航班，并且还早早地赶到在登机口等着。

等了 3 个多小时，一直刷着某软件看航班动态，突然就收到了

航班取消的消息，机场广播没有动静。心里想，软件就是不靠谱，结果 15 分钟后，机场告诉我软件还是非常靠谱的。

对于我这种空中飞人来说，取消就取消了，很正常，可是对于有些人（比如老人和孩子，还有一些可能是第一次坐飞机的人）来说突然觉得很慌张。他们问地勤，我该去哪里住啊，机票怎么去处理啊，明天还有急事怎么办。地勤说出了安检去柜台办理票务手续就好了。然后，原本我们航班的登机口就被别的航班征用，淹没在一片人海中。

航班取消了，说有候补航班，明天早上 6 点起飞。我打航空公司的电话问，3 分钟之后电话通了，告诉我候补的航班信息他们看不到，只能去柜台办理。为了还能够尽量赶上重要的会议，我准备去柜台看一下，结果队伍根本就看不到头，我一想等排到我可能也就没票了。

我回头再打航空公司的热线，说有明天上早上 7：30 的航班可以改签，可是因为我已经在手机 APP 上办了值机手续，需要取消值机之后才能改签。我是空中飞人，这个我当然懂，我让他帮我转接 APP 的客服，结果电话响了 3 分钟没人接。

我是手机达人，谁还听你电话。我挂了电话在手机上操作，结果告诉我这个航班是临近航班，不能取消值机。我的个乖乖，你航班都取消了，为什么还不能让人取消值机，这是什么道理，当然如果有航空安全专业的规定请达人解释。

我想起来了，我打电话的时候曾经告诉我手机取消不了值机可以找客服啊。这次我多了个心眼，我换了一部手机打电话给客服申请取消值机，然后另外一个电话一边继续刷着取消值机一边申请改签。

电话几乎是在十几分钟后同时接通了，我问 APP 客服为什么不能取消值机，客服说因为临近航班，我问你们也不能取消吗，他们说不能。我赶紧让另外一边帮我出了明天早上的票，今天的先不管了，应该可以全额退票吧。可能因为我的小聪明耽误了大家的资源，真的是抱歉，也是无奈之举，不是因为明天早上有重要的会议吗？

事情搞完，然后就打车回家了，于是我现在在家里写了这些文字。

还是那句话，我毕竟是天天在机场转悠的人，对机场熟悉，对整个航班的流程也熟悉，出了问题也能够及时处理。可是，如果是老人、如果是孩子呢？如果是第一次坐飞机的人呢？如果是没有准备地方住宿的人呢？

现在航班取消确实越来越多了，不再是突发事件，而几乎快成了一种惯例和基本的航空运行规则。如果航班取消了，航空公司能不能有一个完善的制度？比如：给大家详细介绍退票或者改签的流程（有专门引导最好），给大家推荐住处或者提供一些建议，在票务处理的时候不再是排长队或者电话打不通。说实话，真的是听够了那句话：电话线路忙，请您耐心等候或稍后再拨。尤其是两部电话一起听还有立体声效果的时候。

真的就是想说这样几句话，如果不对，大家批评，只是有时候看到有些人真的很可怜。我们每个人，都渴望被周围温柔对待，也应该有这样的机会和待遇。

5 说起回忆，那笑容依然温暖纯真

01
关于
上学时
一些有趣的
事情

【能吃能睡，不及格】

上学那会儿，我十足不是个好学生。大学本科的时候以调皮捣蛋为主，研究生那会儿主要就是愤青张狂，反正就是不怎么爱学习，成绩自然也不怎么好。成绩不怎么好，自然学校的领导和老师也不是那么喜欢，不管什么时候老师都是喜欢学习好又听话的孩子。

也就是因为这个背景，熟悉我的老同学发现我现在不仅乖巧还爱钻研，都觉得有些不可思议，是不是哪个雷电交加的夜晚一不小心就被劈了一下。

大学那会儿，一个宿舍 8 个人，学习成绩倒数前 10 名的我们宿舍就占了 5 个，当然我是其中之一。

那时候喜欢喝酒，当然身边的人也喜欢喝。新学期拿了生活费就以给同学过生日的名义去喝酒，没过多久生活费败光了就去偷餐厅卖拉面的辣椒油，就着辣椒油喝五块五一瓶的红星二锅头，现在想想都觉得刺激。

那时候喜欢踢球，饭量也出奇的大。当年踢球，咱也是主力前锋，号称“小维埃里”，说白了就是技术不行全靠身体，就喜欢找身体飘忽的人去撞，先撞人再去踢球。踢完球去吃拉面，一个大碗加俩烧饼那是基本配置，有一次踢完球觉得不是很饿，就说来一个小碗拉面，结果越吃越饿，最后先吃了个小碗的又吃了个大碗的。

那时候当然也喜欢逃课，中午最后一节几乎不上。大家都知道，中午最后一节课下了课就是吃午饭，那肯定是要排队遭罪的，提前一节课不上不仅不遭罪还能先把餐厅里免费粥那点唯一的干货都给捞干净吃完了。

我们五个人学习都不好，评优评干自然是不指望，那么打扫卫生、五讲四美之类的活动也就不那么上心，但是宿舍里有一个学习好的，全班成绩排名前五里他是唯一的男生。这哥们为了评先进，就要帮助我们打扫卫生，还要叠被子，每次干完这些活就会很郁闷，在楼道里大喊：“怎么总是我？”

【努力起来，我也能拿奖学金】

学习不好，也是因为没什么好学的，那些圈圈画画的实在是没什么意思。后来，我决定发愤图强也要去拿奖学金，结果期末用心画了画重点，使劲突击了一下，就还真考了个全班第三名。

专业课程都不怎么靠谱，倒是对很多选修课和业余课程比较痴迷，就算是到现在都还有一些东西能够影响到我。通过课程，我接触到了货币银行学的启蒙，我做的西方经济学的笔记现在看来都是艺术品，保险精算的神奇和精妙，以及日语课上对日本文化的痴迷，尽管现在只会念音标了。

学了四年的统计学，现在我连最基本的抽样调查都做不到；也学习了一些会计知识，当时除了“有借必有贷，借贷必相等”之外，根本什么都不知道。大学四年除了混了一纸文凭，有了报考研究生的资格之外，好像真的没什么可炫耀的资本。倒是一些潜在的，潜移默化的收获会影响到你的一生。

如果说大学还有印象深刻的事情，那就是准备考研时候那惊天地泣鬼神的排队占位岁月，可能很多人都有同感。全学校那么多人，而能够上自习的就那么多位置并且都还是刚需，所以每天早上5：30教学楼门外面就排了长队。发展到最后，有人专门占位为了挣早饭，有人占位是为了谈恋爱，当然更有人为了占位“兵戎相见”“血洒战场”。

【姚明填满了研究生的全部】

好不容易考上了研究生，才发现学校的法学教育理论性足够但实践性不足。教授上课的基本步骤就是先讲德国的法律体系再讲美国的发展历史，然后教授再讲一下自己对这两个体系独到的感受和观点，然后，就没有然后了。学过法律的人可能都知道，写法律论文基本套路就是：你说说，我说说，大家说说。于是，三年法学教育，最后发现对董事会的组成不是那么清楚，董事会的运行不是那么了解，对董事长的职权也是一知半解云里雾里。

研究生那会儿，也不是那么爱学习，NBA 丰富的知识储备倒是那时候努力的结果。不仅不爱学习，我还是个十足的“愤青”，老是喜欢发表一些不那么合时宜的言论，最后能够安稳毕业也要算学校领导仁慈。

尽管我一直不好意思说自己是THU毕业，只能算是混迹于其中，但是一生还是会因此为傲并受用终生。毕竟，这里有大学气场，有大师风范，这些是潜移默化的，不是哪本教材可以传授的。

当然，那时候积累学分的课程都没有好好上，但是丰富的选修课程和课外课程还是让我受益匪浅。比如，黄维教授的开眼之美和徐葆耕教授的电影艺术印象和对希腊神话的解读，尽管都是一些基础知识的介绍，却是最真诚最有效的启蒙，以至于现在都还在吸取当初的营养并不断酝酿。

开眼之美主要在于说一件艺术作品都应该有其点睛之处，不论是一幅油画、一首诗歌还是一篇文章，只要一个细节或者一句话能够让观众记住，哪怕只有一点就是成功的。

现在我已经痴迷古希腊神话以及所延伸的希腊文明，至少我可以理解为什么在希腊一个男人为了一个女人可以打一场旷世的战争。现在我有时候也会不知天高地厚地对一部电影的镜头运用和导演立意作出自己的解读，这所有的一切也都感恩于徐教授的授课。

偶然间与老同学聊起上学时候的那些事，问起来上学那时候印象最深的课程，于是提到了这些，也知道徐教授已经早几年不幸离世，因为不是一个院系并不知道详情，不然也会去送别。

当然，如果真要问我专业课什么学的最好，那就是刑法里的强奸罪和继承法。偶尔发发酒疯，还能胡吹一番觉得自己挺厉害的，哈哈！

02 企业文化或许就是那半个月饼的味道

那一年，已经不记得是什么机缘，公司从总部广州统一为员工的父母寄送一份广式月饼。当时觉得公司确实做得挺好，但实在没想到对父母的影响更大。

月饼刚寄到老家的时候，父亲第一时间慌慌张张地打电话问我，是不是被骗子盯上了，老家里祖辈三代都没有在广州的亲戚，怎么会有广州的人好心为我们家送月饼呢?

我有些自豪地跟父亲解释，说这是我所在公司的福利。之所以自豪，或许是潜意识觉得能够这样做的公司应该都还不错，对父母有交代了。

父亲听到这话，更是高兴得不得了，觉得自己儿子不得了，不仅在一个大公司上班，而且这个公司还那么有人情味。

其实，对于北方人来说，南方月饼的味道并不是很习惯，但是对于父母以及父母的亲朋好友来说，这份月饼可能是他们这辈子吃的最好吃的一份月饼。

后来，父亲又打来电话，埋怨自己吃的月饼太少了，只有半块，剩下的都被其他亲戚朋友给抢走了。我懂，这份埋怨的意味。

做我们这行的，出差和熬夜是永远不能回避的一个大难题，而这样最对不起的其实是自己家里最亲近的人，自己的妻子或者丈夫，当然也包括虽不在身边但日夜牵挂的父母。

记得有一家公司，会突然在投行员工家人生日这天，由公司管理层领导空降为他过生日，有可能是在单位楼下，下班路上，或者就是小区门口……其实，也不一定是什么领导，可能就是知心大姐或者是司机大哥，但不是也挺好的。

当天晚上，夜深人静的时候，还在出差加班的投行小哥正在郁闷没法陪女朋友过生日，这一段感情又不敢保证的时候，女朋友打电话来了，不是想象中的暴风骤雨和分手通知，而是娇滴滴地提醒自己出差要好好照顾自己，不要加班到太晚。

投行小哥也感动了，瞬间感觉心中小宇宙爆发，背后突然之间长出了腾飞跨越的翅膀，就差上天了。

或许就是一份小小的礼物，甚至就是一个小小的电话，都可以让一个员工永远铭记，甚至有了为公司奋斗终生的冲动。

不论是投行小哥还是保险小哥或者是程序小哥，大家努力工作的最终目标都是为了家庭幸福，不让自己爱的人受苦受委屈。工作是这些小哥生活的经济来源，更是他们幸福生活的源泉，公司就是他们最大的堡垒和港湾，这不仅包括物质也包括精神。

公司文化不一定是顾客是上帝，质量是生命，企业文化就是让一个人能够感动的点点滴滴，不论他有多么渺小多么细微。

什么是文化？就是能让人哭让人笑的那一刹那、一瞬间。

03 童年的十大趣事

一个偶然的机会，大家在讨论小时候发生的一些有趣的事情，小兵也是心血来潮，想到了以前的一些点点滴滴。按照惯例，东拼西凑，凑足了十个，跟大家一起回忆青春吧。

1. 上小学那会儿，父母刚给买了一瓶钢笔墨水，结果一下子就给倒桌子上了。为了掩盖这个真相，我硬是用各种姿势坚持趴在那个区域写了一个学期作业。

2. 上初中那会儿，有同学建议我们去偷西瓜吃，我说我带你们去。到了瓜地里，我挨个挑了一遍，看看这个够不够大，那个熟透了没有。同学们对我那个佩服啊，说你偷个西瓜都那么淡定。我告诉他们，这西瓜地就是我们家的。

3. 小时候骑自行车，都是我先坐到后座上，爸爸再骑自行车。有一次我逞能，我说我已经长大了，你先骑吧，我一会儿跳上去。结果屁股接触了一下后座就坐到了地上，爸爸感觉自行车有晃动以为我已经成功上车，走了很久才发现我还在原地。我那时候竟然既没哭也没喊，就等着爸爸什么时候回来找我。

4. 申请了一个学期加上考试得了第一名，父母给我买了小卖部当时最贵的一支钢笔，悲催的是当天晚上就让我把笔尖弄断了。很伤心又很害怕，在绝望的时候我拿着断的笔尖在水泥台阶上磨，后来发现还能写字且效果非常好，我硬是在水泥地上磨出一支新的钢笔。

5. 上小学夏天的时候，一到中午必然要去河里洗澡的，老师为了检查谁偷着去河里洗澡了就在胳膊上划一下，没白线的就算去洗澡了。后来有人抗议说我讲卫生洗手还洗胳膊了，凭什么说我洗澡了。下次老师改良了方法，直接在肚子上划一下，看看有没有白线。

6. 刚学会骑自行车，还要把腿交叉到大梁里才行。有一次逞能，一只手握着车把，另一个肩膀上扛着一个铁锹去地里挖萝卜，结果一不小心铁锹就拍到了我后脑勺上。我感觉脑袋有点不对劲儿，又不敢跟父母说，就说我感觉好像我脑袋坏了。我妈一看，你这血都流到脚后跟了，可不是脑袋坏了。

7. 小时候玩拉拐，一个小伙伴在旗杆那里转圈，一边转圈还一边挑衅我，“快来打我啊打我啊”。我这个生气啊，铆足了劲就冲着旗杆冲过去，结果他躲开了，而我的鼻梁断了。

8. 有一次去河滩里玩，玩着玩着动了“邪念”，说咱去对面偷桃去吧。一切顺利，最后把桃放在哪里是个问题。那时候就我胖，穿的背心最大，他们就让我把背心扎到裤子里然后把桃藏我背心里面。结果，第二天我的整个肚子都是红点点。

9. 上学的时候我后面的那个同学比我高大，总是在后面欺负我，有一次我实在忍无可忍就转过身去打了他一下。结果他竟然没有生气，还说有本事你再打我一下，我不敢相信自己的耳朵就尝试再打了一下。结果他说有本事你再打我一下，还越说越无辜。后来才发现班主任早就在门口看着了，我因此面壁思过了整整一天，还落个人长得不大就喜欢欺负人的骂名。

10. 小时候跟妹妹玩游戏，我拿个棍子指着她：信不信我打你。妹妹说：有本事你打我啊。结果，妹妹以为我不会打他，我以为妹妹会躲一下。就这样，我妹妹哭了整整一下午。

04 时间就在那儿陪你变得更好

2005年8月8日，是我上班的第一天。2016年6月30日，我从老东家——一家在百强所中排名前20的拥有证券期货资质的会计师事务所离职。我在审计行业里摸爬滚打了整整11年。由于个人原因，递交了辞职报告以后，心中有许多不舍，毕竟这里有我从21岁到32岁、学习能力和体力都最好的11年。

在做审计助理的阶段，主要是听从项目经理的安排，一般是按报表科目分工，从最开始的三项费用、营业外收支等科目一直做到难度较大的收入、成本、长期股权投资等科目。在工作的第三四个年头，渐渐开始负责一些小项目的现场工作。

记得当时参加了一个上市公司的年审，该公司共有40多家子公司，那一年我带着一个刚入职的同事和一个实习生，以一天一家的速度扫了将近40家子公司，晚上在宾馆干到12点是常态。

至今仍记得有一次做到半夜12点正准备收工的时候，审计系统突然崩溃，导致底稿全部需要重新开始做，内心崩溃的感觉至今仍然可以体会。忙季的时候审计行程安排得非常满，推迟一天就意味着离被审计单位的报告公告日又近了一天，内心焦虑的状态在年审期间是一直存在的。

2007年，开始做一家调味品上市公司，一直到2012年。那是一段难忘的记忆，越陈越香。

难忘年审带到项目上不幸遇难的金钻，辜负托管重任。它的遇难也从侧面说明：年审不仅不适宜人类生存，也不适宜于植物。

在第五年的时候，我成为一名项目经理。老东家的作风是偏严谨的，所以我做了五年才升到项目经理，现在许多国内所，可能到第三年基本就可以升到项目经理，但正是比较长的审计助理时间的积累让我打下了比较扎实的基本功，所以后来做项目经理的时候就没有那么吃力。

项目经理属于会计师事务所中基层的管理人员，工作内容中不仅有完成审计工作，同时还包括指导新员工、与客户沟通以及向你的上级汇报工作进展等，是一个上传下达的角色。从一开始带2~3人的小队，到后来独立负责一个上市公司的年报审计工作，项目小组中一般有10~20个人。

毋庸置疑，项目经理的工作给了我更多锻炼的机会，让我学会了如何统筹规划、如何与客户沟通、如何解决工作中遇到的各种难题，甚至学会了如何照顾十几个人的饮食起居。

整整11年的审计生涯，给我带来了许多的改变，从一开始的随意随性，到后来的客观严谨，审计工作需要很多的耐心、毅力和对这份工作持续的热爱，才能一直做下去。记得做某个项目的时候，上班和下班都会经过一条长长的似乎走不到头的走廊，一大早就赶到开工，晚上很多次经过的时候走廊已经黑了。审计，就是需要这么持久的工作。

一路走来，要感谢以前的许多同事、领导和客户，给了我很多锻炼的机会，同时也给了我很多的宽容。年审期间，时间紧任务重，焦虑的时候骂过小朋友，挂过领导电话，也跟客户吵过架。回头看看走过的路和遇见的人，唯有感恩。

05 人生非线性 未来值得期待

——宋柳

我不知道如何开头，我不敢下笔，我害怕亵渎了我的2017，我对这一年饱含深情。

即使没有升职、没有加薪、没有考证、没有二胎，剔除世俗的考量，2017是我成长过程中受益最大的一年。我开始学会放下积郁已久的沉疴，我勇敢地迈出了这一步，我终于迈进了独立思考的大门，在心里种下“我”的种子。

写下这些话的时候或许有点忧伤，但这些天的激动、欣喜和雀跃仍充斥着身体的每个细胞，让我不至于深陷，走过了33个年头，我终于即将成就自己。

过往的教育也好，经历也好，设下了重重迷障，我亲手为自己打造了囚困自己的牢笼。

深冬的公园飘落几片枯黄的树叶，孩子抬起头：妈妈，你给我出个逻辑题吧！我看到她眼里闪烁的亮光。我只好拿出手机，一个儿童脑筋急转弯：盆里有3个馒头，3个小朋友每个小朋友分到1只，为什么盆里还有1只？为什么？我自己也一脸茫然，然后开始毫无头绪的搜索，我突然发现我的大脑是多么贫瘠，我读书16年，竟然没有学会一个解决突如其来的问题的思考方式。

我学了那么多公式、定理，生物的、物理的、化学的、数学的，这些基础学科，普遍适用的公理，学以致用的谆谆教诲，是什么让我竟然知道了这些名词，通过了一次次考试，却拒这些普遍适用的知识于心门之外。这些名词呢，仅仅作为曾经闪现在脑海中的一抹幽魂吗？我摇头叹息：我读书16载，到底还是没有习得任何“知识”啊！

我开始重新审视我自己，不过是一个外表已老、胸无点墨的文盲罢了，这样也好，没关系！就让我撬开钢铁筑成的牢笼，哪怕鲜血淋漓！就自此忘记我是谁，就让我重新来过！

太煽情了，容易翻车。关于文笔功底的提升，点到即止。

以下是以回忆为主线的叙述体。

2017年年初，我的三篇文章发布在小兵研究上，我当时激动的差点跳起来，当然是电话、微信、短信的四处显摆。

在这么专业、这么高水平的公众号上发布文章，自此，我对自己的分析能力自信心爆棚。

我开始关注宏观经济方面专栏、公众号，采购了整整一满箱的经济学书籍，试图理解经济现象背后的本质，试图看清楚那只“看不见的手”。

经过几个月的积累，我开始试着写宏观经济方面的分析，当我自以为已经入门了，沾沾自喜地游说同事赶紧投实物黄金、增持绿票，转过头发现被我枪毙的单晶硅上市公司股价已涨到快40了，股价翻了一番不止，到底哪里出问题了？我想不通，到处找资料、看公告、作分析，当我在某位知名宏观分析师的文章里看到一句话，才恍然大悟。

我还是走了弯路，我还是没有走出迷障，所谓的符合经济规律，看不见的手能主导的不过是长期趋势罢了，而一般性的投资根本等不到那只看不见的手发挥作用。所谓投资，短期看政策、长期看市场！

之前的我不过是在刻舟求剑罢了。投资的路该怎么走，我有了新的认知。醒悟也是一种能力，我叹息！

关于房价，当然是热点中的热点。

曾经有人发文说房地产是蓄水池，曾经有同事说房价大跌，蓄水池泄洪会引发通胀。我曾经听人言便不假思索的相信了，开始人云亦云，开始四处宣扬相似的论点。

直到有一天，听到醍醐灌顶的一句良言：背后的逻辑是什么？是呀，房价下降到通货膨胀这个链条的逻辑是什么？房子不是真的蓄水池，开闸就会有滔天洪水。

我开始反思，我明明知道房价的支撑有赖于派生货币，可以说房价与派生货币相辅相生，而作为 CPI 指标背后的一篮子商品的价格受制于基础货币的供应量、供求关系的再平衡。

房价的急剧下跌可能引起 M2 的坍塌，甚至累及其他资本品价格跟随。房价的下跌绝不是简单的泄洪，而最可能引发的是货币的消失、总量的萎缩，而不是所谓的通货膨胀。

大脑天生不喜欢思考复杂的问题，我感叹！

我开始着意提高自己读书的能力，思考事物背后的逻辑。

我开始拿出一小段一小段的文字逐字逐句的反复诵读，开始思考作者的立足点和意图，开始总结文章的大意和主旨。期间，我的研报写的越来越似模似样，我更变本加厉地磨炼自己的思维方式，我开始试着将探寻事物本质变为本能。

有个偶然的机会，我找到了属于我的人生之书，这本书给我带来的是内心世界翻天覆地的变化。那一刻，我深深体会到精神的食粮多么重要；那一刻，我站在 33 岁的终点，获得了重生！

你、我都需要名师，一本好书可以成就一个人；一本专业好书，可以成就你的事业；一个专业平台，带给你的不仅是专业能力的提升、还有人生知己的陪伴，请关注小兵研究！

迎接 2018！迎接你的新生！迎接我的新生！

6 投行小兵，一直跑下去

01

我愿意一直坚持下去

【诱惑，偶尔还是有的】

浪迹网络那么多年，爱好无非就是写写画画，指指点点，早就没有古代风花雪月的“风骚”，只是基层金融“民工”的哀叹。

作为基层“民工”，不求逆袭的惊天动地，只愿悠然转身的些许华丽。为了更好地工作，为了更好地为客户服务，小兵一直在刻苦学习和钻研，并且一直将自己学习的成果（不论是营养丰富的鸡汤，还是一勺足以致命的“毒奶”）与大家分享。“毒死”多少人不知道，只是接受“毒害”十几年目前仍然还健在的小伙伴大部分都成为小兵的粉丝，有了粉丝也就有了些许名气。

小兵自己不知道有多少名气，不过很多人觉得这个名气有一定作用。就因为这个原因，小兵偶尔也会受到诱惑，还是顶级的。

当年，P2P 很火的时候，有人说：你来我这里跟我干吧，你在业界有一定的权威性和发言权，你要是说我的企业好我投资的项目收益高，肯定会有人信。

我婉拒：我不懂投资，更不懂互联网，只会老实巴交做学问、做项目。

对方继续用资本主义的方式袭击我：你这样能挣多少钱也没有前途了，互联网才是未来，互联网金融更有发展前途。我给你股权，还有超过一倍的年薪，实在不行你现在就把我这辆车开走，房子也可以买。

我婉拒，没有说话，只是使劲拧着大腿。

当年股市火爆的时候以及现在股市需要判断的时候，有人说：你来我们的平台做股市预测和个股分析吧，你只需要向你的粉丝作出分析并指导他们炒股，挣了钱给你提成，亏了钱跟你没关系。

其实一想，这真的是简单，发表言论就是了：

要想富，别修铁路别种树，全家上阵去炒股。

股市高潮还没来，大家还要继续干。

股市到 5000 点？你跟我开玩笑吧，怎么也得 1 万点起步。

对于股市的预测，只有一个原则：怎么不靠谱怎么说，怎么不要脸怎么说。如果预测对了，那你就属于直接可以飞上火星的牛人；如果预测错了，那就是股市有风险入市需谨慎。

还有人给小兵出过一个招，一个人注册两个账号和平台，每天分别发布完全相反的预测言论，不论结果怎样都有正确的一次，简直是完美。

更关键的是，根据股票老师的结算，就这么个干法，不用多久的时间，在北京的五环内买房凑个首付不再是梦想。

我婉拒，一次次，一次次。

【各位老铁，谢谢】

我知道，有些东西永远都不能干，有些东西连想都不能想，有些东西最好就不要有任何接触的机会。

抵挡诱惑是一件很辛苦的事情，但是控制风险并追随内心又是那么让人快乐的一件事情。仅此而已。

是的，我就是我，就是这样。

很多人说：我觉得你已经很出名了，想不到才那么点粉丝。我说：粉丝虽然少，可都是愿意懂我的。

很多人说：你这个人太清高自负了，说话爱搭理不搭理，请客吃饭都不答应。我说：我也不是自负或者清高，就是这个臭毛病，请见谅。

很多人说：你应该好好经营一下你的微信或者微博，多增加点粉丝，要讲究策略。我说：我就喜欢这样的做事方式，用最笨的方法进行研究，然后再用最原始的方式与大家分享。

我的性格决定了只要让我在一个超过 5 个人的陌生场合，就会手足无措，不知道该说什么，甚至不知道手该放在哪里。

我不是一个爱吹牛的人，也不是一个愿意为别人吹牛的人，爱说实话又不会说话。于是，在一个需要互相赞许、彼此吹捧的场合，我注定是一个不受欢迎的人。

所以，我不喜欢应酬，不喜欢参与社团或者论坛，甚至也不喜欢参加什么颁奖盛典或者高峰对话。唯一的爱好，或许就是做一个宅男，做一些跟工作有关的研究和思考，然后与大家分享。

【没那么好，也没那么坏】

当然，我所做的任何努力或者研究，都只有一个目的，那就是为了提高自己的业务水平，能够更好地为客户服务。说得直白些，更好地做好自己本职的工作，对得起公司付给自己的那份薪水。这是我的目的，也是我唯一的目的，别人的选择我不管，我不会改变我的决定。

我说的很少，不代表我心里不明白。我提出的要求很少，并不代表我没有资格那么做。我不愿意去跟别人争蛋糕，并不代表我就不在乎。只是我不会表现得那么明显，不会做得那么功利。

很多朋友都是通过文字跟我认识、与我交流，我也有很多通过文字无法了解到的缺点或者毛病。有时候我心态很急，有时候我脾气很大，很容易发火，我有时候也会把问题迁怒于别人甚至不能客观处理问题，我不是一个完美的人，但是应该是一个心地不坏的普通人。

我也喜欢讲笑话，喜欢自嘲也喜欢拿别人开玩笑，喜欢抽烟也喜欢喝酒，有时候也会喝得不省人事做出笑掉大牙的荒唐事。很多人见到我本人的时候都会惊讶，觉得我不应该是这个样子，没有想象中那么老，没有想象中那么学究，反而有点小幽默，也没有想象中那么丑。

为什么呢？我其实就是这个样子，只不过不是你想象中的那个模样而已。

因为微信公众号要进行调整搬家了，很多人可能不能理解，也就引起一些思考和反思，趁着夜深人静跟大家简单交流一下。微信号调整没有任何目的，跟大家说这么多也没有什么追求，就是觉得有时间，大家可以这么简单聊一聊。

就好像，老朋友。

02 我也要谢谢我的团队

经常，很多人问我，你一直坚持知识分享并且还要同步发微信和微博，是不是有个团队在帮你运营。对此，我都是坚定地否认，说我哪有什么团队，其实就我一个人在坚持。

现在，如果仔细想想，我这样说可能并不准确，也不公平。所谓不准确，是我一直对于团队的理解是不正确的，所谓不公平就是对曾经所有帮助过小兵的人不公平，哪怕这个朋友只是提醒小兵文章里有一个错别字。

何谓团队？并不是只有你给他发了薪水，别人要听从你的号令的才是团队，不是要坚决认同你的价值观并且不能有任何别的想法的才是团队，更不是每天要打卡上班中午吃饭都要及时汇报的才是团队。

所谓团队，可以是一群志同道合的朋友一起思想碰撞吹牛聊天，可以是偶尔打个招呼互相帮个小忙，也可以是从未谋面但又为了一个共同目标而一起坚持努力。

其实，小兵从 2008 年开始一直坚持到现在，更多地在于朋友们的鼓励，也在于很多人对小兵默默、无私的支持。

有时候，我说我整理微信和微博的文章实在是有些忙不过来了，会有人说我最近刚好在实习有时间，我就帮你整理一段时间吧。

有时候，我写文章需要查找一些数据和资料，有人说我刚好正在做这样的研究，那我把数据整理好发给你吧。

有时候，我做了一个演讲的文稿，总觉得不是那么好看也不是很漂亮，有人说我来给你调整成你说的那个蓝，不是蓝灰也不是灰的颜色吧。

有时候，我准备去做一个业务交流的论坛，有人去联系场地，有人负责端茶送水，有人负责迎来送往，虽然这些其实跟他们自己的本职工作和日常生活没有一点关系，但是他们做得都很用心也很尽职。

就是这样，寒来暑往，来来往往，小兵就像是一个江湖上四处游荡也四处论剑的侠客，虽然也是扛着大旗好不骄傲，殊不知背后有多少“义士豪杰”一直为我无私输着“真气”。

有时候想大声说出你的名字，才发现我根本就不知道你姓氏名谁，只是帮助过小兵而已，就好像小兵一直用的卡通头像，很多人问，其实我都记不清是谁帮忙设计的了。

将来，我们小兵研究还需要继续努力，一直坚持做研究和分享，我们也希望有更多的人加入我们或者支持我们。以后，小兵会骄傲地说我们也有团队，只是我们的团队来自五湖四海，只为一个目标。

谢谢你，我的团队！

03 你对我好奇的问题，我直接回答你

1. 案例学习是一种好的投行学习方法吗，需要注意什么？

我国尽管不是判例法国家，先有的案例不能作为直接判断和解决问题的依据，但是通过案例学习可以帮助我们开拓思路、总结规律。案例学习是一种好的方法，更重要的是，“每个案例都是鲜活的”，跟我们实际工作是最接近的，我们学习起来不再那么枯燥，印象也会更加深刻。有时候，我们甚至能通过案例感受到做这个项目人的酸甜苦辣和喜乐哀愁。

值得特别注意的是，我们可以学习案例增加知识和技能，但是不能过于依赖案例，更不能将某些特定的案例情况作为基本的工作标准和原则来适用。所谓“别人行的事情我们不一定行，别人不行的事情我们也不一定不行”。我们学习案例是要在足够样本的前提下，充分提炼案例的相同之处和不同之处，不同之处的背后原因和理由是什么，然后总结规律和分析差异，这样才能够不仅对案例有研究，对案例所对应的问题也就有了融会贯通的理解了。

2. 怎么去找案例？

寻找案例一般有两种方法，我将其称为直接法和间接法。直接

法就是我想到了一个 IPO 审核的问题点，然后就带着这个问题找案例，看看是否有足够的成功案例可以解决这个问题并且能够总结出规律和结论。间接法就是在看案例的过程中，发现很多案例都提到了一个问题或者一种描述，那么就尝试将这些案例的共同之处总结成规律并归纳成一个问题点，并通过这个问题点看看是否还有更多的案例来支撑这样的结果。

3. 怎么判断招股书写得好不好？

很多人问我怎么来判断一份招股说明书写得好不好，有没有写得好的招股书推荐一下好好学习。首先我们要承认，招股书确实有写得好或者不好的差别，区分好坏只有一个路径：那就是多看多思考，没有别的方式。只有你看的招股书多了，才能够逐渐分辨同一个问题，为什么有的分析得到位，有的分析得还欠缺火候，如果没有大量的这种对比和参照，就没法判断招股书的好坏。如果你就看了三五份招股书，没有足够的好坏差异分析的锻炼，不可能有这样的判断能力，这是最简单的道理。

4. 做案例分析最痛苦的事情是什么？

最痛苦的事情，就是你把你能够找到的几十份招股书全部都看完了，却发现没有找到你想要的结果。小兵的案例分析的文章大家看起来是很简单的，不过就是简单找了几个案例然后根据案例分析几句就完了，但是案例寻找和筛选的过程你只是不知道而已。这就跟你吃了一顿美味的鳗鱼饭，可是厨师为了寻找最好的鳗鱼可能走遍了千山万水耗尽了人生岁月。

5. 如何看待碎片化时间学习？

我一直觉得碎片时间只能用来娱乐而不是学习，因为学习永远都是一个系统性的工程，系统的学习并且加上不断的反思和归纳整理，最终学习的结果才是自己的，才是自己以后能用的。为什么我们老是有这样的感觉：就是我每天都要看很多微信公众号的干货文章，感觉每一篇都很有用也都很有启发，可是为什么真正遇到这个问题的时候自己还是不能系统地提出解决问题的方案？根源就在这里，碎片化的学习只是一种自我丰富的假象，学习到的知识很多都又还给别人了，根本就不是自己的。（如果要研究IPO，只要关注投行小兵公众号多学习案例就可以了哦，保证是系统的干货。）

6. 怎么能够有充足时间学习?

现在大家都工作特别忙事情特别多，怎么可能会有那么富裕的整块的时间去学习呢？小兵的观点是：（1）学习的时候要充分提高效率，就算只有30分钟也要有30分钟学习的样子。（2）平时的业务学习和知识积累会在很大程度上提高你日常工作的效率，只有平时积累的多，工作的时候才能不会因为再去找基础数据或者寻找思路浪费时间，这就是磨刀不误砍柴工。（3）我鼓励大家都要有更多的时间去休闲娱乐陪伴家人，但是也可以适当减少一些无用或者无效的社交，比如一些论坛或者酒会。有时候，研究确实是一件特别孤独的事情。

7. 是什么支撑你一直将研究做下去?

有人说是因为研究有趣，我说那是“扯淡”。做研究再有趣，也没有看美国大片或者打游戏有意思吧。我做研究只是为了让自己的知识结构能够及时更新不掉队，在我日常工作中不会犯大的错误，在服务客户的时候因为你的专业而受到尊重，在跟新人聊天的时候不用简单的倚老卖老而是能够对他们有所帮助。我做研究发微博微信，没有获得任何收益，我也不想靠它挣钱。我做研究就是为了更好地工作，更好地为客户服务，履行好中介机构的职责。

8. 我也能跟你做的一样好吗？

我本科读的是山东的二本院校，上本科之前没见过电脑什么样子（2000年）。我的清华法律硕士学位你们也知道含金量有多高，并且上学的时候大多时间都用来追姚明了。而你们现在的教育经历、实习背景、眼光境界等都比我要高出来不知道多少，当然会比我做得更好，也必须比我做得更好。当然，前提是，你愿意去做。

9. 我能请你吃饭、找你签名吗？

请吃饭就算了，签名或者找我一起沟通问题都是可以的。

10. 你为什么不开视频直播呢？

太丑，怕掉粉。

04 你用心提问，我才好认真回答

互联网的技术一直在发展，我们大家也确实都感受到了它带给我们的便利和改变。试想这样一个情景：领导交代你准备一份文件，但你在准备的过程中遇到了困难，该怎么办？

要是搁在以前，你只能去图书馆翻书查资料，最后还不一定能查得到，实在郁闷。后来，有了电脑和互联网，你可以上网搜索，在搜索引擎的帮助下几乎能搜索到你想要的大部分内容，真是便捷。如今，你甚至不需要打开搜索引擎，只需要敲几下键盘，把问题扔到QQ群或微信群，就会有人答复，不仅及时还很准确，简直不要太方便！

信息和知识共享，固然是好事，更加便捷也更加高效，但也别轻易辜负了这种便捷和高效。很多人已经习惯了遇到难题时，随手往群里一丢，再附上一句“在线等，急”，或者发个三五块钱的红包吸引人气。

提问不是施舍，更不是信手可做的事情，这是一种求教自然要有的基本态度。你的问题不是饵料，群里的人也不是饥渴的鱼儿，并不会因为没有人抛问题就活不下去。更重要的是，群里的人跟你非亲非故，回答你的问题既不是责任更不是义务，帮你是情分，不帮你是本分。

既然还有那么多人愿意回答你的问题、帮你解决困难，我们就要一同坚持互相分享、彼此帮助的最纯粹美好的梦想。所以，真诚地希望你在向我提问之前，是用心衡量过权衡过的，真的是在没有其他办法之后才向我救助的。

而不是以下的这些心态和情形：

1. 有些问题，明明在网上随便一搜都能找到正确的答案，甚至还能找到很多文章可以参考，非要在群里问一下。（既然你都懒得搜，那我们也懒得答）

2. 明明法律法规有着明确的规定不能做，却一定要问实践中有没有人成功过。比如，经常有人问“有没有实际控制人变更 IPO 成功的案例”或者“有没有公务员配偶持股成功的 IPO 案例”等。（要不你直接问问监管机构吧，答案会来得更快些，毕竟成功与否都看他们的决定）

3. 跟客户签了一个合同或者领导交代做一个方案，然后画一个复杂的图或者写一大段文字介绍，问你该设计一个怎样合理的方案。且不说情况不了解全面不能出方案不然会误导别人，就算能出我也不愿意出，不然客户直接把这个业务给我做就好了。（下次请直接附上客户的名片，这样显得提问比较有诚意）

4. 领导开会要你做一个数据统计，你不想做，然后问大家有没有现成的，在线等，挺急的。（不好意思，我也不想答）

5. 还有分享项目建议书的，找合同模板的，找内部人士打听消息的……（连文件模板都要找别人要的话，建议先换个工作吧）

你一直都觉得微信群交流这么方便，大家回答个问题举手之劳，不应该有人拒绝你。一旦没有人回答你的问题，你就觉得很失望，觉得世态炎凉、人心不古、别人都自私自利。要知道，首先是你没有用心提问，才没有人愿意接茬答题。尊重，都是彼此的。

别人并不是说只有付钱才能回答，我们也不是利用回答问题去挣钱，只是觉得你的提问用心了，我才愿意去好好回答你的问题。每一个认真的回答，都值得一个用心的提问。

05 “小兵”们，改天一起喝个茶如何

很多人都问过我，关于“投行小兵”这个名字的由来。为什么不是投行大兵或者老兵，再或者为什么不跟着我的名字去取，叫作投行小将？

其实，我从2008年开始以“投行小兵”的名字开始分享一些东西，真没有刻意去考虑有什么特定的因素，如果真要找来由，就有且只有一个。小兵开始写博客的时候，有一位早已名声在外的前辈名字叫“投行老人”，并且投行老人在博客里专门添加了我的链接，备注是：一位一直在努力的年轻同行。

说实话，当时的这句话对于一个刚入行的投行新人来说，很感动也很受鼓舞。于是就跟着投行老人的名字顺延下来，既然前辈是老人那我就是小兵了，于是就有了投行小兵的名字，希望可以跟前辈学习，一直努力下去。

随着知识分享的内容慢慢得到大家的认可，也就逐渐积累了一些志同道合的朋友，投行小兵的名字也就慢慢在圈子里叫起来了。不仅投行小兵越来越多的人知道了解了，而且还有了很多花样，有人叫小兵，有人开玩笑叫兵爷，有人叫兵哥，还有人叫兵兵，不论是叫什么，我都很开心很满足。就算是身边的新来的同事都根本不

知道我叫什么名字，直接叫我兵老师我也很开心地接受。

更让我开心的是，投行小兵好像还有很多兄弟姐妹，简直就可以成为一个小的家族了。在网上简单地搜一下，我们就发现还有很多有趣的朋友，比如：投行小将、投行小妞、投行小兵蛋蛋；另外一个层次的比如：证券小兵、基金小兵、新三板小兵……其实，这些人跟小兵都没有任何关系也彼此没有过任何交集，最后竟然以这样一种奇妙的因素而联系着，确实很好玩。

不论是投行小什么，还是什么小兵，只要是相亲相爱的一家人都觉得挺好的，都是为了分享知识，都是为了大家一起共同进步，既能够学习知识也能够互相交朋友，都是一件非常快乐的事情。

当然，有好的一面也就有不好的一面，在网上我们也能看到这样的山寨名字："投行小兵，""投行小兵：""【投行小兵】""投航小兵""投行小兵"），甚至还有更可笑的"投行小乒""投行小乓"等山寨投行小兵的"不法分子"。这些"坏人"都用着一样的头像，用着一样的备注，然后以"投行小兵"的名义做一些向大家推荐股票的勾当。对于这些，小兵还是要再次说一遍，小兵从来不干这些事情，请大家小心以免上当。

从 2007 年入职到 2018 年，不知不觉间小兵竟然也在投行这个圈子里摸爬滚打了整整十年了。有时候想想，真的是有点感慨万千，午后闲暇时间突然想起了这么一个主意，我们这个家族如果在一起喝杯茶，是不是也算是金融界的一段佳话？

嗯呢，说不定还真行。

7 小兵研究，一起看更远

01

我和小兵，就这样在一起了

——孙蕊

【结缘】

“投行小兵”，看名字就知道跟投行业务有关。在企业工作的很多年，别说投行小兵的名字，我连投行是什么鬼都不知道。

直到考完注册会计师，我像大多数注会人一样，选择了来到事务所继续圆梦，机缘巧合的是，我们所在的部门主要以承接资本市场的IPO、并购业务为主，经常接触券商律师和相关业务，才让我有机会了解投行，认识小兵。

我入行的第一个业务，是一个医药企业的尽职调查项目。多年的企业财务和业务经历，让我能在业务访谈中迅速地梳理要点，更容易地理解企业的业务和财务核算流程。但所有的这一切优势，并不能弥补我在尽调经验、审计经验以及跨行业知识方面的严重不足。

除了能完成相关访谈工作，我找不到任何其他工作思路，不知道尽调的主线。虽然在进场前搜罗了大量尽调的资料，但在没有什么具体报告内容参考的情况下，这些没有针对性的网络资料，并没有为我凑出这篇尽调报告提供任何思路。

很惭愧，两周的尽调时间接近尾声的时候，老板赶来救场，一天半的时间完成了一份近60页的财务尽调报告。这是一份让我迄今都难忘的报告，心里只有大写的“服气”，完成速度之快，思路之清晰，数据之翔实，为投资人做决策提供了有力的依据，以至于投资人马上又找我们做了另外两个尽调。

我向老板请教如何能尽快熟悉尽调业务，多希望有朝一日能像他一样可以特别专业地解答客户问题，老板只是淡淡的回复了我一句，“你去看看投行小兵吧”。

【初识】

原以为小兵也是事务所的大咖，网上一搜才知道是投行人士。按照老板的说法，审计界的很多权威书籍更多的是以准则案例解析或者财务舞弊为角度来分析，对于资本市场业务很多解决之道并没人能从财务的角度去分析。而这些对于从事财务咨询工作的我们而言，又是尤为重要的。

我想要快速地成长，但入行晚，我并没有更多的时间去慢慢一点点积累，这时候权威人士的指导或者工作思路是我们进步的一个捷径。我买了小兵的《企业上市之道》系列图书。因为工作忙，老板要求也高，所以没有时间一本本系统学习，我只能在做业务的过程中碰到某一类问题的时候将小兵的书作为工具书，查询小兵的分析思路和解决建议。

虽然那时候我的级别还不足以为客户提供解决问题的建议，但我会把分析这些问题得到的答案记在心里，慢慢积累沉淀和成长，很快我确实通过这种学习方式找到了自信心。

【忍痛暂别】

可惜，这种学习热情很快被残酷的现实击败，案例的学习和对解决之道的沉迷让我忘记了自己是一个注册会计师，事务所不是投行。在老板看来，我的工作重心更应该是判断会计处理、识别审计风险、快速地完成审计项目出具审计报告、承做大型上市公司项目和 IPO 项目，而尽调业务不过是我们部门“农闲季节”的业务调剂而已。

老板没错，是我错了。如果没有扎实的审计功底和项目经验的积淀，我们可能连财务问题都发现不了，何谈为客户提供有效的改进建议和解决之道呢？ 2015 年 11 月 17 日 23:21，我默默地收起小兵的书，开始积攒力量期待有朝一日能够底气十足地再次将它们翻开。为了纪念当时压抑的心情，我发了一条朋友圈，希望以此作为一个纪念时时激励自己快速进步。

【忍痛不见】

曾经写过一篇文章：《会计师事务所，天堂？地狱？》，“如果你爱一个人，就让他去纽约，因为那里是天堂。如果你恨一个人，你就让他去纽约，因为那里是地狱。如果你爱一个人，就让他去会计师事务所。如果你恨一个人，也让他去会计师事务所，因为那里既是天堂也是地狱”。

今天我再补充一句，让 TA 去做资本市场业务，因为那里不仅是天堂，还是十八层地狱！部门一年几个大活，从股改到上市公司年审再到 IPO 申报，两年下来工作经验确实乘着动车在飞奔。但常年熬夜和连续加班，让我们远离家人、远离朋友、远离爱好，也远离了小兵。

偶然，有几次在书柜找东西的时候翻到小兵的书，却又忍不住放回原处。因为我无法确定自己是否到了可以理解小兵的业务水平，是否到了可以让自己进阶的阶段。2016年6月27日22:34，彼时彼刻仍旧以一条朋友圈纪念当时自己矛盾的心情：还差一点点，还差一点点就可以了，再加油。

虽然没有勇气翻开《企业上市解决之道》，但还是趁着当年的“农闲”时间，偷偷地买了一本《投行十年》。一天时间看完整本书，体会小兵、投行人以及所有中介机构从业人员所共有的心态经历，看看小兵是如何从一个不知名的小兵成长为闻名业内的“投行小兵”。

摘录几段当时特别有感触的地方：

“做投行的底线就是：你可以长得不好看，你可以画淡妆，但是你绝对不能整容，更不能变性。”

还记得看到这段的时候正在喝水，差点笑喷出来。乐过之后细细想来，投行的这个底线又何尝不是会计师的底线呢？如果每个会计师都能严守职业道德底线，又哪来如此之多的财务舞弊丑闻呢？所以说到底，这其实不仅仅是投行的底线，还是所有资本市场从业人员的底线！

“肖兵会把每一次开会涉及的知识点都记录在本子上，回头通过网络搜索、咨询同事以及老员工的方式探讨，最后整理成一个一个小专题的豆腐块文章供自己学习。尽管肖兵学习的只是一些别人的观点、现成的知识，但是肖兵通过持续不断的学习和整理还是很快地充实了自己的头脑，丰富了自己的项目经验。”

我也是个爱记笔记的好孩子，因为笔记可以让我重新梳理问题思路。从入职至今所有的工作笔记，我都有保留。虽然有些仅是访谈记录，还有些是类似于《投行十年》中肖兵的工作总结和整理。

老板不喜欢我这个习惯，他认为我在开会的时候记笔记和会议纪要会打断自己的思考过程并且会降低大脑运转的效率，可我觉得这是个好习惯。所以，在老板面前我不再记笔记，但私下里我还是会偷偷地用记笔记的方式进行学习。

每个人都需要成长，而有些成长真的是需要一些契机或者磨难，甚至这些难得的经历会逼着你推着你去成长。就好像一个人去学习游泳，你总是在安全的浅水区活动一直都觉得自己还没有学会游泳，而某一次到了深水区自己逼迫自己扑腾了几下或者喝了几口水之后才发现其实自己早已经学会了游泳。

看到这里相信不仅仅是我，每一个中介同事心里都会有被触动的感觉，资本市场里充满了未知，我们现有的经验永远不可能解决所有难题，每一个难题或者难度大的项目压下来的时候我们就像初入深水区的初学者一样拼命挣扎，痛苦不堪，以为自己真的会了结在这里。

但当你平心静气慢慢沉入水中默念游泳要领的时候，你会惊奇地发现自己竟然是会游泳的。同样只要有信念，每一个难做的项目都将是涅槃之火助你重生。感谢我成长路上的每一个项目，不同的项目积累不一样的经验，更要感谢踹我进深水区的教练，他给了我们重新认识自己的机会和重生的勇气。

【终又再见】

嗨，我们又见面了。

两年的时间就像二十年一样长，事务所炼狱般的经历有欢乐也有泪水更是承载了满满的收获。终于，收到了出版社寄来的小兵亲笔签名的新书——《IPO 财务核查解决之道》，拆封的一瞬间就像见到老朋友一样，还有会计师也加入了小兵的队伍。

在看到小兵的文字，风格熟悉却更加沉稳又更综合全面的同时，我也惊喜地发现，随着这两年在 IPO 业务中的历练，书中很多内容看起来不再陌生。虽然小兵是从券商财务核查的角度进行分析，但我可以从中引申思考会计师在类似业务中应如何进行审计工作。

所谓“知识无界”，不论会计师、券商还是律师，在 IPO 业务中都是从企业业务的角度出发来考虑问题，大家最终的出发点和落脚点是一样的，必然可以相互借鉴和学习。希望通过接下来学习小兵的新作得到更快的成长和进步！

02 “投行小兵”，我想对您说

这是一个在魔都抗战几载的孩子普通的一个清晨：天刚蒙蒙亮，缓冲了一会儿一个激灵从床上蹦起来，刷牙洗脸去赶地铁。多年的“流放在外”已经养成了较强的自理自嗨能力，早餐已经准备好，放点鸡血的音乐让身体每个细胞蹦跶起来。

今天起得稍微有点晚，抓起早餐往外奔，在电梯间习惯性的刷手机，一看昨天发给投行小兵的作业已经发表了，瞬间觉得迎面吹来的寒风也是那么的沁人心脾，就像一个幼儿园的孩子拿到小红花那般高兴，得到了一定程度的肯定。

“应该取个婉转点的笔名，跟你的气质不符合。”哈哈，我就知道了我们发给兵总的每一篇作业他都亲眼过目，对于一个在投行业务繁忙的人来说，这份没有义务的亲力亲为让人感动和“葱白”。

每每有人在群里可能都没有仔细去研究随意抛出的问题，兵总都耐心解答，这份对业务的研究和认真让人感动和“葱白”。

交流群里总是定期清理人员名单，我们只留下一心专研学术的，相比较能力，态度更为重要，在这稍显浮躁的社会，这份对学术的敬畏和坚持让人感动和“葱白”。

对于初入行的小朋友的迷茫和惶恐，兵总总是如长辈般给予指导，这份对后人的提点和呵护让人感动和“葱白”。

所有的这些，兵总没有义务更没有报酬，我相信他坚持下来是因为怀揣着一颗热爱这份职业的赤子之心。

投行小兵您知道吗？我们在“投行小兵”组织中找到了大家庭的感觉，让一个对资本市场向往的灵魂找到了落脚的地方，有那么多优秀的前辈无偿的谆谆教诲。

投行小兵您知道吗？我们在“投行小兵”这个平台找到了自我，找到了存在感，找到了自我的价值，找到了一个自我表达的平台。做类文科的工作总是觉得不及做产品的那么显而易见，我们只能靠多写、多总结来让自己觉得自己的工作不是那么虚幻，是有产出物的，是在进步的。

投行小兵您知道吗？原来您的知名度很高。曾经在面试过程中提及我有时会把自己的一些工作心得有幸在投行小兵微信公众号上发表，面试官都立马说我知道，我也在看他的书籍，立马就拉近了和面试官的距离，就有了更多对于业务的探讨和交流，也无形之中增加了面试官的好感，这也是我没有预料到的。

加入这个大家庭快有两年了，这两年“投行小兵”这个大家庭一直伴我成长和成熟，很多优秀的前辈不知道，可能他们不经意间的一些话，就点亮了后辈的人生，给予了后辈希望和勇气，指明了方向。今后我也想成为跟“投行小兵”一样的人，不仅具有扎实的专业能力，更有“无懈可击”的职业素养，将这份对学术的敬畏、对职业的热爱和这份赤子之心保持和传递下去。

我想一份浓浓的真情实意虽抵不上“黄金万两”，至少能够“御寒”，送给投行小兵以及这个大家庭，希望我们这个平台越办越好，也争取让自己越来越不拖平台后腿。

03 关于小兵研究的感悟

偶然的机会，看到小兵研究的文章，觉得很多内容非常的前沿和实务。虽然没有什么高深的理论，但是却在深入浅出地解释一个问题；没有什么高大上的案例，却以专业观点给出了实用的解决方案。然后就想去试图结识这样一群可以在浮躁的社会中关注专业的“另类”人群，尝试申请，加入这个群体。在这里没有掌声，没有任何看得见的荣誉，只有大家相互支持和鼓励，以及兵总每个月收集作业时带来的“压力”。

总感觉经历了很多实务工作，也的确遇到了很多的难点和疑点，真正到了时候内心却是很空的状态，觉得没有内容可以写，也没有啥思路可以描述心中的那些曾经遇到的专业和实务疑点，所以每次交作业内心的确有“应付”的心态。每次看到兵总耐心整理的“精华研究”之后，也非常羡慕“群友”的专业和用心。自己也慢慢开始调整状态，寻找可以展开写的疑点和专题。自己也不断地到处搜集信息来论证自己的观点。第一次看到兵总转发自己的文章时，心理没有啥准备，就是一种开心，感觉自己的努力和思考得到了认可，自己也慢慢地开始敢于尝试表达自己不同的观点和想法。每个月的上缴作业也不再成为自己的负担。

没有加入小兵研究群之前，自己也曾经尝试过寻找一些专题，定期去整理和写一些专业的文章。但是这些想法也总在自己不断“忙”和“没时间”的借口中消失得无影无踪，自己也是不断的心理暗示，没有实现的可能。但是当我在写这篇文章的时候，顺手翻看自 2016 年 4 月以来自己的劳动成果，真的感觉到对自己不断坚持的欣慰，内心也很感激兵总和各位群友的鞭策。研究群中这种“无形的压力”和“未曾谋面”的暗自较劲竞争，让我不断地深入思考，敢于着手去完成自己的一个又一个实务疑点的总结。

有的时候，自己也将这些文章转发到朋友圈去“炫耀”一下，得到点赞的同时，也听到了不同的声音，但是这些负面的声音并没有让我感到压力和彷徨。虽然自己的总结未必深入和全面，但是相比较现在浮躁的专业群体和社会上到处飘散的“似是而非”的专业解答，自己的内心至少感觉到，曾经深入地考过一个专题，也许就像“10000 小时理论”提出的那样，我想坚持和积累是作为专业人员一生中必备的品质和未来生存的基础。

我也希望这篇文章能够给自己在新的一年做一个 Mark，时刻提醒自己能够在这个研究群的引导和带领下，不断地坚持自己的理想和精益求精的专业精神，克服内心尚存的浮浅弊病，提高和完善自己。在此也感谢兵总的付出和努力，衷心希望小兵研究群能够越走越远，在大家的共同努力下，影响力越来越大，也吸引越来越多的同行们和喜欢专业研究的朋友们走在一起，在专业的道路上互相鼓励，共同成长！

04 好奇，害死猫

有人说，这是人性使然；纵然人性使然，小兵也愿意说几句。

这是一个信息爆炸的时代，也是一个可以不用为信息的严谨和真实负责的时代。这是一个快速转换的时代，也是一个可以为很多浮躁和喧嚣找到足够借口的时代。这是一个经济快速发展的时代，也是一个被贴上了“人情淡漠、世态炎凉”标签的时代。

当你看到内幕、重磅、奇葩、神奇……诸如此类的标题或文字的时候，是不是瞬间就有荷尔蒙充盈头脑，洪荒之力在丹田四处乱撞的冲动。这，我们称为本能。

看到之后，如果我们不假思索以及辨别地发个朋友圈或者微博，最好别人也能够转发和点赞，是不是就是一件特别过瘾特别刺激特别爽的事情。这，我们称为本性。

但是，如果我们在发这个朋友圈或者微博之前能够想一想它的合理之处或者它会有什么影响，是不是更好。至少我们应该坚持一个原则，我们的“爽”不应该建立在别人的伤之上，哪怕是一丁点。这，我们称为原则。

现在，很多人都愿意研究资本市场的（IPO、新三板、并购重组等）案例和相关资料，在监管机构坚持信息披露改革的政策下，这样的研究也是越来越便捷和方便，甚至是没有任何死角。信息披露的本质就是接受大家的监督，支持信息披露的公平、公正和公开，真实、准确和完整。我们学习案例和披露资料，也是为了自己的业务能力提高以及给其他阅读的人一些提示或者警示，这些都没有问题。

但是，我们的学习和分享，出发点不应该是找犄角旮旯的毛病，也不是专门去猎奇那些古怪的东西。你发现某个案例出了一些小问题，赶紧截图发出来，你是过瘾了，爽了，可能会给别人带来很多意想不到的影响。

本来项目还有回旋的余地，只是一些细节没有处理好，这样一来，可能真的没有机会了。

项目可能有些问题，本来不会受到严重的处分，这样一来，结果处罚加重了。

本来项目的审核没有什么问题，经过这样的发酵之后，可能监管机构就全面收紧不再放松，耽误了一个类型企业或者项目的后续开展。

本来可能只是新来的员工熬夜到凌晨两点因为太困犯下的一个低级错误，结果因为我们的“努力”，他就丢掉了工作。

这样的情况已经发生了，这样的现实也确实出现了，这样的事件应该是要避免的。

有时候小兵越来越感受到一点，越不靠谱、越离奇的东西，传播得越久也越远，也就是因为如此，才会有越来越多的人愿意去寻找那些离奇不靠谱的素材。

诸位，好奇害死猫。少一些刷屏，多一些真诚！

第二篇　职场经验

1 保代考试，经验和努力同等重要

01 孩儿妈的保代考试经验

——李彦霞

我既不是第一次考保代即高分通过的，也不是裸考即通过的，去年报考过 3 次，每次都是 40 多分，今年正好第一次考试的准备时间比较长，下定决心考今年 6 月的保代考试。我是一名 CPA，现在在券商做新三板业务，IPO、债、上市公司再融资等业务没接触过，也是一个孩子的妈妈，照顾家庭方面会多些，准备考试的时间上会相对少些，这次考试有幸通过真是感慨颇多，我把我的考试经验跟大家分享一下。

虽然去年报考过 3 次，但是每次考试参考书都没看完过一遍，虽然复习不系统，但是前 3 次考试，多少熟悉了相关的规则，对考试题型、题量方面混了个脸熟，对今年的考试也是有作用的。对于参加保代考试犹豫不决的，我建议可以报一次名，去参加一次考试看看保代考试到底什么样子的。参加过后，如果对保代考试有兴趣，那么就下定决心，认真对待，充分准备，这样通过考试的概率才会大些。如果没有丰富的实务经验，不充分准备，抱着侥幸的心态考试肯定通过不了的。

保代考试没有指定教材，考试内容又门类繁多，犹如天上繁星，准备考试之前，我上论坛逛了两天，看了一下大家准备保代考试的参考书、考试经验，结合自身的考试经验融合后，就开始准备了。教材方面我用的投行先锋的应试指南，我习惯看纸质的，保代先锋买纸质教材送视频课程、法规注解（在线版），我没有看视频课程，法规注解（在线版）也基本没看。保代考试的视频课程，跟 CPA 的视频课程相比，比较枯燥，趣味性较少，又是以规则讲解为主，我认为还是以自己看参考书效果好些。

今年春节来了之后，买的投行先锋应试指南，主要利用周末的时间看书，周末两天每天从上午九十点看到晚上七八点。平时工作忙，下班回家要带孩子，看书时间很少。我的复习方法分三个步骤：第一步，详细看一遍应试指南；第二步，做投行先锋赠送的真题库，结合每章节的真题，再详细过一遍应试指南；第三步，结合投行先锋出的三套模拟题，查漏补缺，另外，需要对应试指南里没有包含的新出的规则，考前要熟悉。

第一遍看书：全面、详细研读。这是最仔细的一次看书，打基础的过程，第一遍是否认真、仔细直接影响后面的复习。当然第一遍也是最枯燥、最无聊的，干巴巴的法规真的觉得看不下去啊，没有关系的，哪怕每天看一两页的书，也要坚持下去。第一遍看书花的时间也是最长的，差不多要占整个复习时间的一半。

另外，如果平时工作与证券业务相关，现在很多微信公众号经常会推送一些各种业务的文章，多看看，也是打基础的一种方式，不求甚解也可以，至少大脑中有印象了。第一遍的看书顺序，要看大家的习惯，我习惯从前往后看，第一遍看书的时候没有先挑重点章节看。

第二遍看书、做真题。第一遍书看完差不多是4月底，5月我开始第二遍看书，有了第一遍的基础，第二遍看书枯燥性减少了，看知识点的时候感觉好多知识点都有点了解了，这个时候小小雀跃了一下，毕竟去年考保代一遍书都没能看完。投行先锋的应试指南，每章前面都有近几年考试的分值及占比，在此基础上，我把各章划分了层级。

第二遍看书、做真题，差不多是考前最后一周前才完成。因为我本身是CPA，有财务知识背景，第一遍看过书后，第二遍就是做真题，书看得比较少，通过做真题强化会计相关基本概念的理解和运用。在第二遍复习的时候，对于易错的知识点和应试指南中没有提到的知识点，我及时做笔记，经常翻看自己的笔记，对于自己的易错知识点强化记忆。

第三遍，结合考前的三套模拟试题，查漏补缺。经过前面两遍的复习后，对于大部分知识点都有了印象，但是因为前面两遍复习跨越的时间很长，所以又记得不是太准确，所以最后一周我请了年假，在最后一周里专心备考做最后的冲刺，当然在这里也要感谢领导的支持。投行云课堂的考前三套模拟题出来得有些晚，第一套模拟题出来的时候，印象中已经是考试那周的周二下午才出来的（周六上午考试），最后一套模拟题差不多是周四晚上出来的。在做第一套模拟题之前，我感觉自己复习得差不多了，感觉好像不用怎么看了,第一套模拟题做完才40多分,当时有点沮丧,感觉知识点太多,还是记杂了。

我根据模拟试题的考点，按照每个题的考点对知识点重点记忆，包括做正确的也再看一下，当然重点是做错的题。这个进度很慢，基本上一天的时间才能把模拟题涉及的所有知识点看完，但是也很有效果，第二套模拟试题的分数就达到50多分了。第二套模拟题做完，复习完所有知识点后，已经到了考前头一天的中午。下午我把第三套模拟题做了一遍，由于时间不多了，就主要把错题看了一遍。

第三套模拟题我也没考及格，所以直到考试成绩出来，我对能否考过都没把握。三套模拟题侧重点不一样，但是对于高频考点都有涉及，一些最新法规的应用也有涉及。

考前的准备时间永远不够，考前我还计划把5月和6月新出的法规看一下，结果时间太紧张了，没来得及，周六上午进考场前我也只是把自己总结的易错知识点看了一遍。实际上，这次考试对于新法规考得还挺多，像大股东减持新规、投资者适当性，这些我恰好没有当重点看，考前也没有来得及过一遍。考试的时候看到这些题，心里那个懊恼呀，其实这些新规出来后，对实务影响很大，但是我就是没有仔细研读，只是一些微信公众号里解读新规的文章草草看了一眼，这样没有达到精准记忆，对于考试还是不够。

大家考试，一定要记得应用指南不是全部，由于教材的时效性，对于新出的法规应用指南不能及时收录，所以我们要关注新出的法规，一定要重点看。像我这样虽然知道新法规的重要性但是没仔细看，也是该打呀。

上面也提到了，这次考试能否通过我心里是很忐忑的，我甚至做好了9月再考一次的准备。当然这次考试过后，跟去年考试过后的状态很不一样的，这次毕竟做了充分的复习，自己对知识点的整体把握有了较大进步。这次考试能通过，离不开自己的努力，也跟运气有关，我一直感觉考试跟运气有很大关系。

最后说一下我对保代考试的整体感受。有CPA或者财务背景的人考保代，有天然的优势，但是保代的财务跟考CPA不太一样，

CPA 侧重考察财务知识深度的把握，而保代考察对于财务知识基本概念的理解和运用，计算量并不大。

现在保代的含金量虽不如以前了，但是通过保代考试是大家系统学习证券市场知识的一个机会，无论是否能过通过考试，大家的努力都不会白费，学习的时候要保持愉快的学习心情。每个人都有自己的学习方法，以上复习经验仅供参考。祝参加接下来考试的人能顺利通过。

02 Why比How重要一百倍——法律娃的CPA经验

——洪长生

我的基本情况：

法学硕士，2014年7月毕业；

2010年通过国家统一司法考试；

2011年开始备战注册会计师（CPA），2013年通过CPA专业阶段；

2014年通过CPA综合阶段；

2014年12月11日下午5点，我颤抖着打开中注协网站，CPA综合成绩低空飞过。我很兴奋，但是这种兴奋仅仅持续了几分钟，因为通过考试其实在我的意料之中，更重要的是，我知道，我要做的还有很多很多……

所以，我并没有像我其他几个考友那样在朋友圈里晒成绩，而是简单告知了几位一直对我很关心的小伙伴，晚上请办公室的三位同事一起吃了饭。

我其实无意写什么经验之谈，因为觉得自己没什么好拿得出手的，考试也许是世界上最简单的事情了，无非就多看书多做题。我甚至觉得自己的人生非常失败——过去二十多年，唯一的成就就是考试。我是如此的不自信，以至于学法律的人自称“法律人”，而我只敢自称“法律娃”。

以我的思考，做任何事情，都需要搞清楚两点：

1. 为什么做这件事？

2. 怎样做成（好）这件事？

前者指做这件事的动机，后者指做这件事的方法。很多人觉得方法重要，其实在我看来，Why 要比 How 重要一百倍。一个人只有先搞清楚自己为什么做这件事，当他遇到困难时，才能有坚持下去的勇气。相比较司法考试的“一年搞定”，改革之后的 CPA 至少需要 3~4 年甚至 5~6 年的持久战，期间有无数的事情会影响你的备考状态——假期、考试、找工作，如果是已婚或者已经工作的，还有家庭和工作的压力等。如果没有强大的内心，只怕很难坚持下去。

所以，在着手考 CPA（保代、CFA、托福等各类考试）之前，好好问问自己——“为什么要考这个试？”因为你的一个决定非常有可能彻底改变你接下来数年的生活状态，别人休息娱乐时，你得看书；别人吃饭喝酒时，你得刷题；别人花前月下时，你得做模拟题。

“我是否可以忍受长时间的孤独和寂寞、别人的不解甚至嘲讽？”有必要在夜深人静的时候好好问问自己。

所以本文就分这两部分聊聊我的经验（如果我也有经验的话）：

【Why】

你要明白，你耗费数年几千个小时挥汗如雨得到的仅仅是一张证书，这张证书到底对你有什么用？

其实并没有你想象得那么重要，这一点相信很多工作几年的朋友更有感触。企图一张证书改变命运，基本上不太可能。

据说成就一个世界冠军需要20个因素，那么一个人成功，也需要很多很多因素的，家庭背景、学历、学校、机遇、证书、努力……是的，证书仅仅是其中一项，而且可能是对成功贡献度最低的一项。当下的社会，拥有资源的人才是最抢手和最赚钱的，证书仅仅是帮你敲开了一扇门而已。特别是我们中介这一行，最赚钱、过得最潇洒的未必是最专业的，但肯定是最有资源的，律师事务所里是最有“案源”的、投行能承揽项目的人。

即便如此，我还是花了整整四个夏天的时间考这个证书，因为我知道，有些东西是我改变不了的（比如家庭背景、身高、长相），资源也绝对不是我短时间内能获取的，而考证、努力是我唯一能把握的东西。

用勇气去改变能够改变的，用胸怀去接受不能改变的，用智慧去区分二者。

很多人之所以痛苦，就在于拼命地“用勇气去改变”“不能改变的”。

拥有区分“能够改变的”和“不能改变的”智慧，才能拥有幸福。

做自己能做的事，然后听天由命。

的确，证书仅仅是个证书，顶多是个敲门砖，但是对于当下动辄六七百万的毕业生，多个敲门砖，那得是多大的优势呢！可别忘了，咱可是啥背景没有，现在好歹还自己锻造了一块敲门砖！

以我为数不多的求职经验，CPA的一纸证书真的没有北清复交的学校牌子、大牌投行的实习经历、证监局领导或者上市公司董事长的老爹有效果。

有些东西，我们可能一辈子都不能拥有，做自己能做的吧，既然没本事考上清华北大、没有个当官当董事长的爹，没有机会去大企业实习，那咱就安安心心考个证书。

证书，至少足以让我们比其他同龄人有一点点优势。我们能做的也只有这么多了，至少目前的阶段，这也够了。

很多人问我考研、司考、考 CPA 经验，我经常跟他说："你先想好自己为什么考，你决定要考了，我再告诉你怎么准备。"为什么考研、考证，实在是牵扯太多问题了，事关一个人的兴趣爱好、职业规划、家庭背景等，即便作为过来人，我也不能针对这么个人化的问题作出解答，我能做的是，在决定之后，向你传授一点个人的经验。

即便如此，我依然希望你深深思考——"我为什么要考 CPA（或其他考试）？"

当然，很多同志关心考过了 CPA 有啥用，我只能说证书给了你更多选择——而"更多的选择"不就是我们一直苦苦追求的吗？也请相信：现在没用，并不代表以后没用；西安用不上，并不代表上海用不上；本行业用不上，并不代表其他行业用不上。

【How】

我知道很多人想看具体的复习备考经验，但是很遗憾，我恐怕要让你失望了——我并不想（会）写太多，因为关于 CPA 的经验网上实在太多了，我唯一的经验就是"多看书、多做题、多听课件"——难道这不是所有通过考试的方法吗？

更重要的是，我还是希望你自己搞清楚为什么要考，任何事情，下定决心一瞬间，实际也就成功了一半！方法其实并没有你想象的那么重要。

03 灵魂的欲望是命运的先知——保代经验谈

——洪长生

我之前就自己的司考、CPA 考试经历，写了一篇《Why 比 How 重要一百倍——法律娃的 CPA 经验》，谈到了做任何事（当然包括考试），都需要搞清楚两点：

1. Why——为什么做这件事？

2. How——怎么做成（好）这件事？

之前的文章基本上在谈“Why”，因为我觉得“Why”比“How”重要。今天再结合保代的通关经验，和大家分享些许经验，这次着重聊聊“How”。

【Why？】

首先，我依然觉得，有意参加考试的人都应该搞清楚自己的初衷，明白为什么考？

就保代考试具体，而言，我觉得至少有以下三个原因：

一、梳理投行业务知识，形成体系化思维

目前的保代考试包括了七大板块，分别是保荐业务监管、财务分析、股权融资、债务融资、定价销售、财务顾问、持续督导。可以说基本囊括了一个投行从业人员需要的至少大部分基础知识。

很多未经历过保代考试的同行，平时因为工作需要，更多在关注专题，如“出资问题”“股权转让”等，做了很多深入的研究，但是体系化的思维还不够。太着眼于细节，对于专业人士来说，肯定是必要的。但是负面影响是往往忽略了整体意识，太沉迷于细节，往往忘了自己所处的阶段和进展。碎片化的知识，也不利于知识结构和思维的体系化。

二、弥补知识短板，提升业务能力

老是在整理底稿，尽调走访，终于有时间静下心来看看书，我相信很多人，特别是经历过项目的人，看到某一段内容时常常会有“原来如此”的豁然开朗。同时，且不说年轻从业者或学法律、或学财务、或学金融，知识构成本就单一，即便是从业年限较长的同志，可能也存在某方面知识的缺失和不足，通过保代考试的复习，七大板块的梳理，也可以弥补自身某方面知识的不足，提升业务能力。

三、增加自己择业、升职的筹码

对于有心在投行发展的人来说，准保资格，至少表明了你有幸在这一行发展、表明了你至少具备了投行常见业务类型的知识储备。试想，同样的条件下，一个是准保、一个未过保代，面试官会更青睐谁呢？团队领导又会对谁高看一眼呢？更别提，签字机会稀缺，没有考过保代的人是完全没有机会的。

【How？】

一、了解你自己

这是先了解自己的知识结构、时间分配。

如果你是律师，如果毫无财务知识，建议先花 3 个月时间，好好学习财务知识，推荐的是 CPA 考试的《会计》教材和《轻松过关 1》。我认识的部分律师，刚刚从事投行业务，感觉挺痛苦，在项目组里面比较边缘，很多时间连开中介协调会都插不上嘴。有投行前辈说过："不懂财务，在投行走不远。"

如果你是会计师，那首先要恭喜你，如果你已经过了 CPA，那是很大的优势了。

如果你既没有法律背景又没有财务背景，比如理工科毕业进了投行，我的建议，还得要早点从财务着手，熟悉会计准则的过程，其实也是在不断增强自己对法律的感知。

还有是考过数次保代的小伙伴，建议要空杯心态，根据自己之前考试的情况，查找自己的弱势板块，然后花大力气补足短板。

二、重者恒重

保荐代表人考试的内容大致分为七大部分：保荐业务监管、财务分析、股本融资、债务融资、定价销售、财务顾问、持续督导七大板块。

其中，非常重要的是财务分析和股权融资，二者在历次考试中分数比重至少在 50%~60%。其次是债务融资、财务顾问、持续督导，这三者分数比重在 40%~50%。最后是保荐业务监管和定价销售，占比 5% 左右。

这其实和实践中的工作所需要的知识结构是紧密相关的，投行常见的项目是IPO、再融资，所以股权融资占比较大，判断项目肯定需要财务知识（财务会计重要性再次得到印证）。

这也提醒我们，复习要有所侧重，对于股权融资和财务分析，绝对要花大力气，考试要考，实务要用，务必搞透彻每一个知识点。对于债务融资、财务顾问、持续督导，也要适当花时间巩固重要考点。而对于保荐业务监管和定价销售，如果时间紧迫，那就战略性放弃。

三、重视真题

我的一位研究生同学，本科非法学，读研当年司考成绩还不低，其实他的方法，很简单也容易操作，关键是效果好，就是一遍一遍做真题。在不断做真题的过程中，感受司考风格，熟悉重点（重者恒重），然后熟悉知识点。当然，并不是非常机械地做真题，而是每做一题，都搞清楚这道题目背后的知识点。通常来说，选择题的错误选项要么张冠李戴、要么断章取义、要么移花接木。而恰恰就是选项之间的细微差别，才是容易为人所忽视的知识点。

我前两次的保代考试败北，总结原因，其中一个就是不重视做题。只看书，不做题，是考试复习的大忌。所以，这次在考前一个月买了真题。认真做了两遍：第一遍，用铅笔，做完涂掉。第二遍，做蓝色圆珠笔，划重点。最后在考前翻了一遍，红笔勾画了最容易记混的重点难点。

如果是真有什么捷径，那就是做真题。不仅搞清楚为什么这个选项对，也要搞清楚为什么那个选项错。

四、具体策略

1. 关于复习时间。有个说法，900小时过司考，这还是针对法学专业的同学。就保代考试而言，我觉得至少需要准备 300 小时。毫无法律财务经验的另算。如此，每天 3 小时，准备 3 个多月，比较符合我们普通人的实际情况。当然不排除有人天赋异禀或者记忆力超群，一个月甚至两周就通过的。

2. 关于记忆方法，我的经验是“不择手段”。比如，《上市公司收购管理办法》第 62 条规定，有下列情形之一的，收购人可以向中国证监会提出免于以要约方式增持股份的申请：（1）收购人与出让人能够证明本次股份转让是在同一实际控制人控制的不同主体之间进行，未导致上市公司的实际控制人发生变化；（2）上市公司面临严重财务困难，收购人提出的挽救公司的重组方案取得该公司股东大会批准，且收购人承诺 3 年内不转让其在该公司中所拥有的权益；（3）中国证监会为适应证券市场发展变化和保护投资者合法权益的需要而认定的其他情形。邀约收购豁免申请是必考点，但是《上市公司收购管理办法》罗列的“免于以要约方式增持股份”“免于发出要约”“豁免申请，直接转让过户”的类型都容易记混。上面这条，我就记了三个关键词：增持、实控人、财困。分别对应“免于以要约方式增持股份”、“实控人未变更”和“公司财务困难”做了记忆，甚至可以变成一句话，“实控人因为对方财务困难所以增持”。

3. 关于考试时间分配：3 小时，单选题 40 道，每题 0.5 分，组合单选题 80 道，每题 1 分。建议是单选题做题时间控制在 30~45 分钟，这样后面的大题才不会慌张。组合单选题，并不是“不定项选择题”，其实是大大降低了难度。建议使用“排除法”：五个表述中，总有一两个是你能确定的，那么首先就把没有该表述的选项排除。

4. 我打算在这里写诸如“考前一天晚上早休息”“提前规划路

线”“如果考场很偏，建议花两三百块钱住在附近酒店，并提前搞清楚路线”“早上少喝水（牛奶、果汁）免得考试经常上厕所”“考完彻底忘记保代考试，复习资料扔一边。不要再想考试的事”等，但是我还是提醒自己：考保代的都是在考场上身经百战的精英人士，我如果说这些，实在是在羞辱大家了。

【最后】

一、拘泥于考试

考试，仅仅是个考试，如果真的遇到某个知识点，特别想深究，想搞清楚实务操作，我的建议是，先忘掉深究，就安心记忆考试复习内容。虽然我佩服你的学习精神，但是咱还是抱着先把考试通过的想法吧。等通过考试了，再深究不迟。

二、不要拘泥于考试

考过保代，其实什么都代表不了，准保已经遍地都是了。更何况，就算把保代考试涉及的内容烂熟于心，也未必能够回答企业老板诸如“上市这么复杂啊！那咱去香港或者美国上市得了。X总，去香港、美国上市，啥要求，你给我讲讲”的问题。

通过考试是起点，接下来才是艰苦的修行，我觉得至少可以有三层境界：

第一层，熟悉投行业务。按照我一个领导的说法，至少要完整经历一个IPO、一个再融资、一个并购重组，并且要做到举一反三，做一个项目熟悉一类业务。仅仅是熟悉几种业务在实践中的操作，看似简单，实践来看，似乎并不容易，因为各家券商部门划分、项目多寡，并考虑项目周期，第一层的修炼可能就需要 3~5 年甚至更长。

第二层，熟悉资本运作。熟悉各种融资工具的使用，并且根据企业的实际情况选择合适的时机和工具，做好市值管理。

第三层，超越具体业务，升华至产业层面。一个真实的案例是，某位同事，对农药行业实在太懂了，以至于某次尽调某家农药企业，长谈之下，董事长非拉着他做董秘不可。还有顶尖的高手，他的境界是：具备产业经济学的深厚理论功底和实践经验，可以就任何行业进行分析。哪怕没有任何准备，和从业十几年甚至几十年的人交流两小时，提的问题专业到让对方吃惊，“怎么感觉你比我还懂”。这条路可能需要十几年甚至几十年，而是需要异常勤奋，当然绝大多数人是终生达不到的。

【最后的最后】

我之前写的一篇文章，说 Why 比 How 重要一百倍，发表之后，有人不同意，“难道方法不重要”？我并没有说方法不重要，事实上，几乎所有的考试，方法无非就是看书、做题、听课，然看书、听课、做题，再然后看书、听课、做题。考试也许真的是最简单的事情了，无非就是看书听课做题，然后重复。

很遗憾，对于绝大多数人而言，迟早我们都会明白一个残酷的事实：和人生的艰难比起来，考试的难度算个啥。

2 审计奥迪特：底稿中的迷失和转型

01
会计师转型投资的迷失与迷思
——Jackie

【第一次转型】

前天刷朋友圈，发现又有一个同事离开了事务所团队。一众同事吃饭、喝酒、唱歌、饯行，看着朋友圈里一张张洋溢着欢乐的笑脸，非常想念他们，也非常想念那段岁月。

去年离开了工作8年多的事务所团队，加入了一家私募基金T，开始了自己的股权投资职业生涯的冒险之旅。很不幸，这段冒险之旅只有3个月，非常失败，没有投出一个股权投资项目，反倒是看了很多地产项目，并且还真的投了一个房地产项目，可我压根不喜欢房地产业务。

虽然没做股权业务，可是给股权业务又做了三次善后。投资失败之后去标的公司大股东处要账，从一个局内人的身份，真切感受资本的混乱与血腥；也见识了两个道貌岸然的“资本家”彻底露出的丑恶嘴脸，那惊天动地的一晚上差点上演全武行。这次难得也难忘的经历算是给我狠狠地上了资本市场的第一课：真实的投资。

可笑的是，我刚踏入投资的门，“募投管退”的前三步还没走，就一步走到了“退”。我在南方没有暖气的冬雨夜里，瑟瑟发抖，禁不住的怀疑当初的选择。后来，这家公司明确不再碰股权投资，并把所有的股权业务都退了出去，专心做地产业务了。我也选择了离开，我对地产业务确实没半点兴趣。

想当初离开事务所时，觉得自己新三板、IPO、上市公司项目经历，CPA 傍身，活脱脱一个山上闭关修炼多年终于练成葵花宝典的武林高手，仰天大笑，拂袖而出事务所。

第一段经历的 3 个月，从第二个月就开始找工作了。后来又是机缘巧合，去了与第一家公司有合作的第二家公司 J，希望开始一段真正的股权投资之旅。J 公司是一家创业型的私募，它的问题是，创始人不懂股权业务、没钱也没有资源，一心想着赚快钱，赚管理费，丝毫不管项目是否有风险先投出去，把管理费收起来，颇有点“白猫黑猫”的意思。这样着急的心态，是不可能做好 PE 的。

当初拉我入伙时，说团队里已经有一个投资经理和一个法务，我是最后一块拼图，而且这两人都有大机构经历，能力都不错，再加上我，这个团队的能力相当可以了。来了之后却说，我们业务能力不足。这就奇了！把我们每个人放到一个大机构各自对应的岗位上，都能干，为什么来了这里却业务能力不足了？

【第二次离开】

在 J 公司又半年多过去了，我第二次选择了离开。

第一份工作做了足足 8 年多，第二份与第三份工作加起来时间还不足 1 年。频繁换工作，不仅我自己接受不了，之前的同事也接受不了。连续两段经历出现问题，那必然是自己出了问题。那么问题到底出在哪里？应该好好反思一下。

在换工作的过程中，面试官看完我的简历，通常会说我的背景非常单纯。这一点我非常赞同，这既是我的优势又是我的劣势。

刚从事务所出来的时候，有个以前的同事跟我说，你得且适应呢，我当时适应了四五个月，才适应了这种朝九晚五、基本不出差的生活，你干了这么些年，怎么不得适应个一年半载的。一语成谶，我可能至今仍未适应现在的生活。

冷静下来分析一下自己的优势与劣势。

8 年的审计生涯，已经把我锻炼成了一个有着风险控制意识的“风险厌恶型”的人。在与同事看项目的时候，也能看到项目的亮点，但我能看到比他们更多的风险，各种各样的问题，报表里有各种疑点。有了这种认识，对自己的定位应该是风控相关岗位，从这样的岗位去进入这个行业，而不是急于进入一线投资相关岗位。

虽然进入投资行业不足 1 年，但也算对这个行业有了一个大体的了解，这个行业需要三种能力：资源能力（找到好项目的能力）、投资能力（判断一个项目好坏的能力）和资金能力（找到资金的能力）。

如果一个机构能够兼具这三种能力，那么这个机构在投资这个生态链中，肯定是顶级的；如果具备了其中任意两个，也能在这个链条中做出不错的成绩并活得很好；如果仅仅具备某一种能力，那只能生存在这个生态链的最底层。所以，要去就去找一个至少具备其中两种能力以上的机构，在这种平台上开始自己的投资职业生涯。

根据中国证券业协会的统计，到 2017 年 5 月底，已经备案的私募基金已经近两万家，而且数量还在不断增加，私募基金管理规模也在不断扩大，已经超过了公募基金，这么多的钱要投向哪里？目前市场上好的资产少，而且贵（估值很高）。

资产方经过市场这么多年的教育，正在从买方市场向卖方市场过渡。沿着产业链的上下游进行并购、重组是证监会所鼓励的，证监会的鼓励、国家政策的引导，这种效应传导到投资圈里，带来的结果就是，出去看项目的时候，资产方的董事长们开口总是一句：你们能给我们带来什么资源？无语凝噎。

这确实是很多如 T 和 J 这样的小私募基金面临的困难：光有钱还不行，还得能给项目方带来一定的资源。这种资源可能是技术，可能是下游的客户，也可能是上游的供应商。这种状况也会让众多的小私募机构的生存更加艰难。

同样，很多私募机构，如 T 和 J 公司一样，十分的不负责任，如白蚁啃噬一样在破坏这个市场和 LP 对这个市场的信心。这些 GP 们，完全以赚取管理费为最终目的，投好投坏才不关他们的事，才不会管你 LP 们的死活。

【读书少，别骗我】

我见过一个私募基金拿着一份处处是漏洞甚至可以直接说就是假的不能再假的财务报表，以“原始股”和海外一个听都没听过的交易所上市的奇葩借口要募资几个亿，更可笑的是，这只基金的管理人持有 ACCA 证书，让人情何以堪？我更见过一个连私募基金管理人牌照都没有拿到的公司，假借与国企、央企合作的名义，到处分发 BP，要募资 20 多个亿，单个投资人投资金额 7000 万元起。我读书少，你们别骗我。

私募基金不负责任，很多资产方也没有好到哪里去。除了上面提到的假报表的资产方之外，还有很多新三板公司也在四处骗钱。新三板转板案例的带动效应，让很多新三板公司都在以转板为由在市场上分发各种 BP，希望借着这阵风再“骗”点钱，我就见过一家新三板公司内部连存货流转单据都没有、2020 年提交材料都无望，就敢在 BP 里写 2018 年转板上市骗钱，还想让我们帮着找投资机构。

说完了负能量，毕竟自己还打算在这个行业里面继续从业，当然希望这个行业能够越来越好，还是有越来越多的机构愿意踏踏实实地做事。可能也是资产荒的影响，接触过很多同行都放缓了脚步，喊出每年只投 3~5 个精品好项目的口号，宁可错过、不能投错。这样的机构才是这个行业的基石和未来。

我们公司内部曾经有一次非正式的讨论：GP 到底是什么？虽然最后大家的意见都没能统一，但是依我个人愚见，GP 就是一个服务机构，是一个出卖自己投资能力（包括投资判断能力和投后管理能力）的蓝领工人。LP 们要求的是资本的保值增值，GP 只想赚 LP 的管理费，蒙着眼瞎投的做法是不会长久的。品牌和口碑对一个行业来说都是非常重要的，私募基金管理人也不例外。

“莫愁前路无知己，天下谁人不识君。”

02 从审计转行的0.5个投行人

——李彦霞

这是我进证券公司的第二个年头。进证券公司之前，我在会计师事务所做审计。为什么说是半个投行人，这得从我目前从事的工作说起。

我是在证券公司做三板业务的，是独立的一个部门，与投行部并列。在准备保代考试的时候，我才发现新三板业务竟然不属于保荐业务范围，还稍稍受了些打击。毕竟我能够进证券公司，还是因为当年新三板扩容的时候，业务量爆发，券商大量招人。所以，我说自己是半个投行人。

以下所谈的券商工作感想，也仅是新三板工作经历的感想。

【会计师事务所和券商的差异】

一、一起忙一件事VS各自忙各自的事

在券商做项目，大家是术业有专攻。在会计师事务所做审计，一个项目几个人一组，大家忙的都是审计这一件事。到了券商后，新三板项目是分律师、会计师、行业分析师三个角色的。虽然一个

项目也是几个人在忙，但大家是在不同领域忙自己的工作，工作内容差异很大，不再是做审计的时候大家一起忙共同的工作，有疑难问题，是有强大的后援团的，随时可以咨询、请教。

在券商，大家的业务能力都比较强，从业务角度（非职级）来说层次感不是很明显，对于各自负责的领域更多的是单打独斗。在会计师事务所的时候，团队成员变化较快，随时都会因项目的不同，将人员调配组建新的项目组。在券商，各个团队相对固定，团队负责人是整个团队的核心，做项目的时候虽然各有各的分工，但是团队负责人会协调整个项目的进展，在重大问题上做决策。

二、一套明确的准则 VS 非标性操作

在券商做项目，非标性更强。审计工作是有自己的一套准则的，也有专门的审计软件、标准的工作底稿模板，做一个审计项目，从资料清单到每个科目的审计程序，执行什么审计程序、如何执行审计程序、执行的量化标准是什么，是相对明确的。

在券商做项目，就拿新三板来说，股转公司制定了券商尽调指引，但都是原则性的，实际操作时执行的标准并不明确，各个券商的风控要求不一样，执行的尽调程度深度也是不一样的，所以有时会出现一个团队在 A 券商做项目的时候尽调程度浅些，而到了 B 券商，这个团队在 A 券商做的尽调是不能够满足 B 券商的风控要求。

三、单一 VS 综合

无论是保荐业务还是新三板业务，券商都是中介机构中的班长，要协调企业、律师事务所、会计师事务所的，对其他中介机构的工作也要审慎核查。进到券商工作一段时间后，我发现在券商工作不仅要懂财务知识、法律知识，还要懂行业方面的知识，因为一个项目的判断是全方位的，而且在项目承揽阶段的时候行业知识更重要

些。券商对人员综合素质的要求更高。

在会计师事务所工作，工作时的依据主要就是审计准则和会计准则，而券商业务类型繁多，单是新三板业务就有挂牌、股票发行、重大资产重组、收购、督导等不同的业务指引，针对不同业务有不同的要求，所要求的面更广。

四、体系化培训 VS 干中学

券商跟会计师事务所不同的还有一点，就是培训。大型会计师事务所针对审计人员的培训是有一整套体系的。一般来说，会计师事务所每年都会有定期培训，针对不同级别的员工培训内容不同，培训的内容随着员工级别的提高逐步加深。

据说券商是没有这样成体系的培训系统的，至少我所在的券商没有。这可能是因为券商的团队中人员层级（仅从业务角度来看）不是那么明显，因此应届毕业生能力主要是在项目实践中得到提升，这跟券商招人条件高可能也有关系吧，券商投行系统招人一般都是要求研究生毕业、名校的，这些人本身素质也高。

五、很忙 VS 很忙

券商跟会计师事务所相同的是工作繁忙，出差是家常便饭，加班加点是常态。有一次出差，5天里我的行程是这样的：北京—兰州—福州—广州—荆州—北京，同事笑说我一周之内游走四大州。

【梦寐以求的行业更需要努力积累】

进到券商之后，除了工作，充实自己也很重要，在工作之余考了保荐代表人考试，加入了小兵研究群，看群里朋友们问问题、答问题，看小兵研究定期分享的干货，自己慢慢积累，不断加深对这个行业的认识。

券商是多少人梦寐以求想进的行业，但只有在进来之后才能发现这个行业的内在不是大家所想象的那样金光闪闪，内在是需要不断地积累、努力、拼搏的。

以上是我这个进到券商第二年的人，从自己在做新三板业务的角度，对券商的一点感想，不能完全算是一个投行人的感想，我的感想在各位投行大佬面前算是班门弄斧了。投行路漫漫，且行且珍惜，我将努力在这条路上走好。

03 关于外部审计、内部审计以及投资风控工作的一些感悟及职业规划建议

——黄敏达

我在会计师事务所工作了 4 年，在一家企业内审部工作了 2 年，然后现在在一家 PE 投资公司任财务风控岗位。总体来说，事务所是一个非常适合夯实财务基础的地方，尤其适合暂时还没考虑清楚自己未来方向，或者家里没有什么背景，自己硬实力暂时没有很大的竞争力的人。内部审计的职业路径相对稳健，如果能找到合适的公司的话（具体的挑选标准见下文），也是一个不错的职业发展途径。至于投资风控尽调工作，我认为对从业人员的综合素质要求更高，不仅需要对公司的财务风险，法律风险进行发现并披露，还要结合目标公司所属的行业进行深度分析，挖掘企业的投资逻辑。

【事务所审计】

对于大多数人来说，会计师事务所真的是一个很好的起点。在这里的几年，付出和回报是成正比的，即使这种回报不一定是物质

层面，具体来说，主要有以下几个方面：

第一，事务所是一个强迫自己学习的地方。无论是CPA证书、项目经验、外部沟通能力、内部协调能力还是领导能力，这些在事务所都能得到很好的提升。之所以把CPA放在第一位，因为大部分在事务所的员工都是打算以财务或者金融方向为自己以后的职业选择，那么CPA将是最有必要考取的证书（没有之一）。在事务所大家都在考CPA，有一个相对和谐和互相探讨学习进步的氛围。另外，只有在事务所才有可能批准1~2个月的考试假让大家全职去复习备考，这个优势对于考取CPA的帮助真的是其他类似的公司无可比拟的。就如巴菲特所说的，财务会计是金融的基础，强烈建议在事务所考取了CPA后再跳槽。

第二，事务所是一个很好的跳板，无论性别，无论学历，进可攻，退可守。目前随着国内事务所在资本市场的影响力逐步扩大，以国际四大和国内八大等事务所的IPO项目经历在用人市场上备受青睐。坊间一直流传的投行理想配置是：硕士+事务所3年IPO项目经历+CPA（当然如果年轻的男性更优）。对于学历或者其他条件相对欠缺的，可以往公司财务经理甚至财务总监或者董秘之类的转，对于女性希望稳定工作的，也可以往内审转，实在没有好机会的，留在事务所发展也会比同龄的很多人不会差。我们最近一次同事聚会，好几个坚持在以前事务所的同事都混到授薪合伙人了，其实回过头来看，能在一个不错的事务所坚持下来的那些朋友，发展得都不差。

第三，事务所是一个能够快速实现自我增值和变现的平台。基础的审计工作相对单纯，而且只要用心付出，总能获得提升，一旦跳槽，这些能力都会通过市场的薪酬进行变现。四大可能涨幅少一点，但内资所工作3年跳槽收入翻番的也是常态（当然本身基数也相对较低）。总体来说，事务所是一个看得到可期待的目标，并且大概率能实现该结果的地方，其他的工作如投行、投资等，做成一个项目除了自身努力以外，运气也是很关键的因素，不可控因素有很多。我之前合作一个非常优秀的投资经理，为了一个项目做了一年多的准备工作，结果由于基金政策监管的变化导致项目投资无法完成，他也因此心灰意冷地离开了公司。在离职的那一天我和他聊了很久，一方面感觉唏嘘和无奈，另一方面确实感觉做投资和投行也一样，不可控因素太多了。

【内部审计】

如果说外部审计是单纯的执行工作，那么内审的话则需要考虑更多的因素和利益制衡。目前国内大部分公司及其高管对内审的定位还不是很成熟，内审的主要工作还是停留在满足外部制度或监管需要，甚至作为内部斗争的制裁工具。

随着国内对上市公司以及大型国有企业的制度化需要，建立健全董事会以及监事会的治理结构，保证中小股东以及国家资产的利益，审计委员会及其内审部门都是公司的常设机构之一。有的中小企业为了满足结构的完整性，也会设置内审部，但是通常只有少数2~3个人在维持基础运作。很多时候，这类型的内审工作不太容易开展，内审部需要平衡好公司各部门的发展和风控，有时候力度未必能很好地把握。

其实在目前国内企业公司治理的环境下，老板真正要知道公司哪些方面有问题，根本不需要通过内审部，一般公司控制人都会有多种方式及时了解到各地的情况。有的时候为了避免不同人的角度不同，立场不同，甚至道德风险导致的问题，这时候才有必要，委派内审人员作为第三方独立主体去现场进行检查，发表意见。这种情况下内审的定位有点类似公司内部的纪检部门或者老板的“锦衣卫”。

其实总的来说，内审工作还是比较有意思的，工作量也不大（当然随着工作职位的提升面临更多的考虑因素和审计压力）。选择内部审计的公司需要注意以下几点：首先，要选择一个好的行业以及平台。有一些传统制造业或者零售行业的内审，由于其体量以及模式的限制，审计工作相对琐碎和零散，而且总体薪酬偏低。总体来看还是金融，或者房地产等行业的内审工作性价比会更好一些。其次，一定要公司的高层对内审足够重视，这样才会给内审团队足够的支持和权限，内审工作也能落地到实处。发现问题能处理，内审工作才会有实际意义，部门的威望也才能得到巩固，领导也才更加重视，才会匹配更多的资源支持内审，这是一个良性循环。最后，内审比外审更看重个人能力，尤其是项目负责人的能力。因为审计报告及附注披露的信息有限，仅仅通过财务审计报告无法体现不同项目负责人之间的能力差异。但是内审不同，同样一个公司，不同的负责人出具的内审报告质量会差异很大，而内审一般都是直接和董事会及其他高层汇报，这样对管理层带来的直观感受是很明显的。所以，对于刚入行的人来说，如果能遇到一个专业水平过硬，具备一定的风险敏锐度和愿意培养下属的领导，则会顺利很多。

【股权投资风控】

股权投资，尤其是一级市场，对风控人员的要求非常高。对于一些初创型的投资机构来说，投资部和风控部是最基础的两个业务部门，前者负责踩油门，后者负责踩刹车，只有两者相互制衡，相互补充，公司才能不断在高风险的投资领域当中稳健发展。

对于审计人员来说，做几年的IPO审计，熟悉了上市流程以及券商和监管部门的思路以后，可以考虑往投资机构的风控岗位转。一方面，工作量相对事务所会少很多；另一方面，投资的风控岗位其实对从业人员的综合素质的提升以及视野的开阔很有好处。与传统事务所审计主要关注财务错报风险不同，投资风控更多的是将财务审计和投行的工作进行综合，基于公允客观的财务报表基础上，发表公司及行业未来的成长性、盈利空间以及上市可能性等进行全方位的风险评估，并独立出具风控意见。投资风控的岗位对从业人员的锻炼程度比较高，对于未来的职业发展来说也是非常的多元化，市场上也有很多从风控转一线投资的先例。

3 投行基本功，决定了你业务的下限

01

投行人员如何通过“烂项目”学习与积累

——盘贝尔

【烂项目，躲不过】

资本市场于我国，实乃新兴事物，迄今也仅仅二十余年的历史。

而我国之大，真是包罗万象，很多企业这些年都在冲着资本市场发力，有条件的上，没条件的“创造条件”也要上，使得投行人员在实务中遇到了各式各样的企业。

简单地描述，就是：你会遇到好项目，也会摊到烂项目。

作为一名投行小兵，我们往往无法决定我们所在的项目组承接怎么样的项目，甚至也无法理解为什么公司会承接这样一个项目，我们只能努力地做好领导交代下来的一个又一个项目。

好项目难寻，烂项目却转角遇见你，在现实中，又有几个投行人员没碰上几个烂项目？

今天我就来分享一下，怎么在“烂项目”中学习与积累。

开宗明义，所谓“烂项目”就是财务指标、经营情况、公司治理、股东关系与业务发展趋势等这些方面中的某一个或几个方面有严重问题的项目。

所谓的严重问题，其结果往往就是不可能满足发行条件（此处既指债权也指股权），或者是因为这些问题被股转问个四五轮反馈。

这些项目，投行出于某些原因承接下来了，而企业本身出于完成对赌条款、达到某些投资机构投资条件等原因，即便知道自己的问题多多，也坚定地想走向资本市场，给项目组成员带来不少棘手的挑战。

【逆向让自己成长】

"烂项目"很容易让投行里的小兵们气馁，因为项目里的问题往往超出了我们的认知范围。

现在投行招聘了很多高材生，良好的教育与主要城市大型金融机构的实习背景，让他们掌握了很多规范层次的基础知识，往往在面对完全不规范的企业时无从下手。

这并不怪他们，因为从大型金融机构与优秀财经学府得到的经验与知识，往往总是适用于体系建制完备的企业之中。

好比一个能流利操作 Excel 软件的学霸，在面对还是手工做账的企业时，就知道再多的函数与 Excel 快捷键也无济于事。

【项目学习三部曲】

因此，想通过"烂项目"学习与积累的第一步，就是要相信。

要相信“烂项目”总会有出路，要相信自己能把项目的问题找全、解决方案给够、方案利弊论述清晰。

对于不幸成为这种项目负责人的同仁，则要相信自己能够从这个项目中获得收入。

这里说的获得收入，当然是指光明正大的项目收入。

能够相信自己可以做到把“烂项目”缝缝补补，就足以有耐心去找各种各样的解决方案，在此过程中已经足以学到许多。

而最终，更高一层次的学习，是通过做“烂项目”意识到自己能够盘活“烂项目”。

比如，一个财务基础极差，但真实业绩还行的农业公司原来是报 IPO 的，项目组辛辛苦苦跟了很长一段时间还是发现不如不报，估计内核会也过不了。

这个时候，把它盘活成为一个融资、财顾项目，吸引农业产业基金来投就是一个很活的思路。要知道，很多时候项目之所以“烂”，只是因为我们先入为主地套用了一套标尺。

通过“烂项目”学习与积累的第二步，是要有耐心。

这一点，笔者在自己的项目中深有体会。

未来无法预测，所以人们往往倾向于不制订长期计划，也缺乏制订长期计划的能力。

在企业家眼中，走向资本市场需要付出实实在在的代价，虽然成功以后也可以获得难以估量的价值，但他们深知自己企业问题多多，成功通过审核的可能性很小。

因此，很多这样的企业家听到投行给他们的方案是让企业今年把规范性问题解决，从明年开始重新规范运行三四年后再申报的时候，总是感觉很难接受。

很多投行的从业人员，也希望一两年熬出项目升职加薪跳槽换岗，很难接受一个要辅导三五年的项目。

可是各位回想一下，三四年前自己在干嘛，这三四年是不是过得岁月如梭？

当我们接到一个"烂项目"时，实在是不得已要建议企业采取"以时间换空间"的策略，我们自己也需要做好准备，不应该短视地认为自己几年后可能已经跳槽了，所以就轻视甚至是怠慢了长周期的投行项目。

事实上，从头到尾跟过一个长周期投行项目（往往是 IPO 项目）的人，更容易了解这个项目及其所处的行业，为以后自己对此行业的人脉积累、加深理解都是非常有益的。

通过"烂项目"学习与积累的第三步，是坚持解决方案的原则。

之所以这么说，是因为我在执行过程中发现，很多问题多多的公司会要求投行项目组给变通方案，其目的往往不是解决问题，而是为了尽可能地降低解决问题的成本，甚至是掩盖问题、转移问题。

投行人士毕竟需要由自己的从业操守，不能做狗头军师。

在发现企业的种种问题后，我们需要严格坚持解决问题的方向，不能够因为利益驱使，就帮企业想办法掩饰与作假。只有这样，我们在项目中的努力与积累才是有意义的。

最后，我不得不说，上文所说的三步，都是有前提，有底线的。这个前提与底线，就是客户企业治理层与管理层的态度。

企业业绩烂、规范性差等一些缺点可能是长期以来粗放式的经营管理导致的，又或者是单纯缺乏治理能力，可以归结为能力不足。

对于这种企业，如果项目组评估以后认为通过规范整改，企业确实可以改头换面，收费可以覆盖业务成本，那么这样的“烂项目”还是可以做的。

当然了，也有的现实情况是公司某个大领导塞过来一个烂项目，项目组硬着头皮接了下来。而企业的治理层或者管理层缺乏诚信，甚至怀有恶意准备造假跑去资本市场圈钱，那就是态度问题了。对于这种企业客户，我们必须敬而远之。

我认为，投行没有义务，也不可能劝导一个已经从恶的企业向善。

无论我们再怎么乐观，怎么好学自省，一个抱有欺诈态度的企业客户都不会配合我们执行解决方案，还可能会反过来要挟项目组成员。

如果不幸承接了这样的项目，我们最好是终止项目，履行投行的保密责任，深刻检讨以后不要再承接这种项目。

02 谈一谈投行项目承做的心得体会

——李永鹤

结合我在会计师事务所、证券公司的从业经验，谈一谈项目团队如何开展与把控投行类项目的心得体会。本文不是讨论具体项目推进的步骤或者尽职调查的方法，而是从整体层面谈一谈项目开展的思路与大体把握的原则。

【尽调要全面，把握要到位】

无论是新三板还是IPO等项目的开展，均需进行全面的尽职调查，从而达到了解企业基本情况、全面掌握主要问题的目的。

对于中介机构来说，大部分项目均需要内部的立项程序，在立项之前基本上会安排项目团队开展前期尽职调查。很多人不十分重视前期的尽调工作，而仅仅是在应付立项的基本要求，将一些模板抛给被调查企业，填写好后再做个简单的了解，就算是完成了尽职调查。这种做法是完全错误的，个人认为初步的尽职调查是项目未来承做和推进的前提和基础，项目团队必须安排足够的人员，做好全面的规划。

在开展尽调之前，可以了解被调查企业所处行业、上下游的基本情况，以及对标企业的基本情况、财务状况。在现场尽职调查的开展过程中，围绕企业的历史沿革、生产经营、财务核算、合法合规性等方面，做好全面、深度、细致的调查，与企业的生产、销售、财务、管理等岗位人员进行充分的沟通，了解企业基本生产经营的状况，及时发现和把握项目存在的主要问题，并形成一份尽职调查报告。

尽调报告虽然具有不同样式的模板，但基本上要包括公司的主营业务、财务状况等能够反映企业基本情况的要素，最重要的是要详细记录前期尽调过程中发现的问题、初步解决方案，为项目的开展提供了方向和依据，为项目的全面展开打好扎实的基础。

随着项目的逐步推进，将会展开阶段性的尽调工作，每一个过程均需留痕，并收集、梳理底稿。项目组人员需要总结与整理阶段性尽职调查工作成果，随时备忘和记录发现的问题，从而逐步解决问题、落实工作方案。

【及早发现问题，做到有备无患】

在前面强调过，一定要高度重视前期的尽职调查，就是为了及早发现相关问题，从而做好充分的准备。这里的准备可以包括两个方面：（1）给出相关问题的解决方案，从根本解决问题；（2）有些问题无法根本解决，那就做充分的解释，综合考虑对项目的整体影响情况。

项目组必须高度重视各个阶段的尽职调查工作，注重每一个尽职调查的细节，及早发现项目的各种问题，及早做好充分的准备工作，有备无患，事半功倍。如果有些问题在后期才发现，或者材料申报后被监管机构发现或重点关注，将会影响整个项目的节奏，以至于某个问题直接影响到项目整体的逻辑思路，阻碍项目进程。

【时刻准备，保持高度职业敏感性】

在尽职调查中要保持高度的职业敏感性，很多情况下所观察到的现象与问题都是相互联系与印证的，需要具备从表象发现到问题本质的能力。做项目的时间久了，就可以做私家侦探了，按照这样的一个思路肯定能够做到全面的尽调工作。

例如，之前看过的一篇文章讲道："尽职调查中可以从厕所是否卫生，看出企业的管理水平和员工素质，很难想象一家厕所脏乱的企业内部控制和日常管理能够规范到位；消防器材是否完善整齐，这一点关注企业是否严格执行国家相关政策，另外也体现了企业的管理水平。此外，公司迎来送往的车队管理水平，一来反映管理水平，二来也会体现公司的盈利状况。"因此，在项目进展中保持高度的职业敏感性，是非常必要的。

【以点带面，考虑问题要有大局观】

对于项目中发现的问题不能单单考虑问题的一个点，而是从点出发，考虑整个面，充分意识到对项目其他方面的影响，需要具备大局观的思维。对于项目的承做，尤其是较为复杂的项目，切记不能仅片面考虑某个问题，不能就一个问题单独去思考解决方案，而是要充分考虑对项目其他方面的整体影响。

在这里强调一下，投行项目的承做，需要具有一个完整的逻辑思维和清晰的思路，这是非常必要的。因此，对于一些问题的处理，必须要按照一个完整的逻辑路径去思考，需要全面考虑与其相关的所有问题。

例如，在考虑IPO项目关联交易比例的问题，不能单方面考虑超过某个比例就一定不可以，或者低于某个比例就可以。而这个问题需要全面结合关联交易的背景、价格公允性、依赖程度、合作时间、行业特性或者下游客户的特性、是否构成利益输送、持续经营能力等多方面进行综合考虑。

再如，企业存在未决诉讼，看似一个法律问题，但需要考虑到这样是否会影响财务上的账务处理，是否需要计提负债。

【项目团队要“强势”，不能诺诺而退】

曾经有人对IPO业务有这样的评论：“IPO项目，企业把券商当甲方来看，难度加大；企业十分强势，小聪明不断，大概率被否。”本人非常认同该种观点，在项目的推进中，项目团队或者说是券商一定要具有主导地位，对相关问题的解决必须严格把控，不能诺诺而退。如果一切由着企业来，会造成大病没有小病一大堆，带病上会最终被否的悲惨局面。

当然，在这里所说的“强势”，是指有理有据的强势，而不是毫无理由的强势。这里就要求项目团队必须具备一定的理论基础与实践经验，能够给出合理的解决方案。只要项目团队的要求和想法是合理的，就应该拿出“强势”的态度，项目团队不能诺诺而退，更不能摇摆不定，否则将会影响项目的正常开展。

【项目计划要合理，解决方案要切实可行】

在项目开展前，进行一个合理的计划是必要的，尤其对于券商的项目团队，需要对项目的进展制订一个合理有效的项目计划。在计划中列明每一个时间节点，需要完成的任务，并落实到具体负责机构或人员，这样使整个项目团队与企业具有明确的进度计划与工作方向。

项目过程中会出现各种的问题，或者需要为企业出具全面的财务梳理解决方案，在制订方案时需要全面了解企业的基本情况，并需要与企业相关人员做好充分的沟通，从而确保制订的相关解决方案才能够切实可行，落实到位。并且，应由项目组专门的人员负责跟踪解决方案的执行情况，并根据实际情况适当进行恰当的调整。

【团队分工合理，充分形成资源共享】

投行类项目，至少需要证券公司、会计师事务所、律师等中介机构共同参与，在不同机构与人员间做好分工、协调、随时沟通是非常必要的，避免做一些重复的核查，或者有些问题不同的机构都没有进行核查到。在此方面，券商的主导带头是非常重要的，需要进行统筹的安排与合理的分工，并能够实现资源与相关资料的共享，这样才会促进项目的顺利推进。

4 投行软实力，决定了你前途的上限

01 2017年，我与各方的博弈
——毛青

我们是一家只做IPO的投资机构，2017年是我踏入投资行业第二年，不再懵懵懂懂，蠢萌傻萌，开始尝试自己负责项目，这一过程中既有掌控全局发现问题、解决问题的快感，也有充当“夹心饼干”的万般憋屈，喜泪参半。

2018年，假装失忆，微笑坚强地活下去。

【与拟上市公司老板博弈】

首先总结下我所接触过的公司上市动机，“圈钱”是首位的，尊严、情怀其次，剩下的五花八门倒也不少，更有甚者对上市完全不懂，全凭一句“已经吹出去的牛收不回来”，硬着头皮冲，以为是过家家闹着好玩，“So easy”。

然后是这些公司老板上市的决心，往往三分钟热度，认清现实后心凉半截就失去信心。上市进度搁浅的也不在少数，但确也有决心非常大，誓要上市，或早或晚必要到达，热情始终不减之人。不得不说，这样有毅力与魄力的企业家着实令人敬佩。

因为不同的决心，表现出来的是完全不同的执行力，可以区分为简单两种，瞻前顾后、不紧不慢与提前布局，每一步的行动都参照上市的要求。后者往往不会存在前期偏重业绩规模，忽略合法合规的情况，否则后期即使业绩数据好看，建立在不规范的基础上，只能以时间换空间。正所谓，力的作用是相互的，不同老板的执行力，对我个人而言确实也是不同的工作表现力。针对业绩规模尚差十万八千里，营收不到百万却估值两亿，产品没亮点，市场未开拓，天天接触各类 PE，还有狮子大开口的老板，我认识到保持礼貌又不失尴尬微笑的重要性。而如果遇到执行力强、风险把控严的老板，专业在线是第一生产力，这时的你切忌不懂装懂，遇到这样的老板是压力也是动力，会督促你专业钻研得更深，双方合作效率也更高。

接触到的拟上市公司老板多了，有点感触，个人认为他们或许不应该过早接触资本市场，一是会在做实际业务时分心，重心不能完全放在如何做出更好的产品上，这样的企业终究是不能走的长远的；二是一旦深谙资本市场套路，懂得如何编故事“骗钱”，实际也不利于企业的健康发展。

相信在接触的项目足够多，也见到过形形色色的企业之后，我们的同行都愿意合作踏实干实事、高执行力的企业家，因为能感觉到是他们在推着我们往前走，不得有一丝懈怠，与他们之间多半不存在博弈，更多的反而是齐头并进。

【与老板的博弈】

职场上，很多人都会强调，跟对好领导的重要性，但是领导的好与坏多半不可能在面试过程中体现出来，只有真正接触后才能一点点观察到，所谓可遇不可求。

最尴尬莫过于，领导觉得你做事不认真，你觉得领导没有真正去了解你到底做了哪些事，双方互相不满，僵持不下。这种情况，在你与领导之间出现断层的环境下，尤为突出，若加上领导本身自负，那简直无话可谈。

初入此行，遇到这样的情况不胜枚举，常常“累觉不爱”，刚开始哑巴吃黄连有苦说不出，但后来渐渐发觉若一味忍让，在你与老板之间始终会有间隙，并且如果不及时沟通，耽误了解决问题的最佳时期，到最后事情没做好的锅终究不可能甩得掉，毕竟大部分领导的甩锅能力真是强大到不行。曾经在忍无可忍的情况下，我与领导在例会上互怼半个小时，气氛紧张到同事们觉得下一秒我会掀翻桌子，事后总结出，话要说，思想要表达，但要懂得找准时机。

首先，对于自负的领导，你不可在公开会议上怼他，否则你说得再对，他也可以找到一万个理由证明你的荒唐。

其次，跟领导沟通细节分清楚时间和场合，比较适合会议之后或在他心情较好时，在备齐资料情况下的单独沟通，这个时候的沟通，对于你的看法他往往会听得更认真。

最后，切不可认为领导未做尽调，他对企业的情况不了解，就可以随便忽悠，领导往往最能够一针见血发现问题关键点，并且以他多年的实战经验的积累，懂得如何抓大放小。

【与“同事”博弈】

此同事非彼同事，所指为拟投资项目与我们日常协作之人，投与不投既是两家公司之间的博弈，更是做事人之博弈。

2017 年 IPO 审核政策的起起落落，投资人心里的石头放下又提起，政策的变化，让投资人更谨慎，投资机构不管大小，对项目的尽调期不一，并且在这点上并没有所谓的标准答案。而我公司的尽调期则较长，进行着持续不断的跟踪与更新，随时了解企业动态，多次的企业走访，过程中企业内部人员与我们关于“鸡生蛋、蛋生鸡”存在不少分歧，在究竟是该把业绩先做起来还是让投资款先到位的问题上，有过很多争论，企业认为资金不引进，没办法扩张规模，而我们则认为公司产品市场尚在开拓，未来很多不确定性，也即未看到雏形。

我渐渐有了自己的看法，从最初一家企业的尽调、价格谈判、初步对赌期望达成后，以初步对赌期望为基本衡量标准线，给予企业一定的发展观察期，观察期内对企业财务规范、法律合法合规、业绩达标可能性做全面的评估，若财务、法律以及盈利模式的持续性无硬伤，着重对市场份额的占有、行业地位以及业绩达标可能性的分析，以此来决定投或不投，以及什么时候投。什么时候投也是关键点，投得早，在企业业绩还未成长起来时，面临的风险较大但价格却也相对便宜；投得晚，可能已过雪中送炭之期，生死攸关之时不能解燃眉之急，后期资金仅能蓬荜生辉，企业必定自抬身价，这是门艺术。

【2017 年无关专业的几点小结】

1. 懂得与企业家打交道，保持诚实、专业、可信，切忌一本正经地胡说八道。

2. 既然任职于一家公司，对领导不可抱怨过多，你所抱怨的关于项目内容其实领导心里早已盘算好，适当的时候他会告知你，切不可认为领导只是会吹牛，毫无无判断能力。

3. 在项目进度没有达到预期的时候，与企业办事人员交流，要保持强大内心，要始终坚信，只要你们能好好发展企业，不久的将来我就敢拿着大把资金过来砸你，懂得忍一时之气。

4. 稻盛和夫一句话对我影响很深，企业出现问题的时候，很多人的第一想法都是尽快逃离摆脱，但领导者不会，因企业是他的，无处可逃。作为普通任职人员的我们，很多时候需要具备这种领导者的思想，遇到问题要先解决问题，而非逃避问题，要站在一定的高度上做事，韧性会更大。

2018 年愿碰到的老板都是高执行力的，遇到的项目都是净利过亿的，遇到的人员都是轻声细语、客客气气的，给出的价格都是低到不能再低的，让自己每一分钟都误以为自己是人生赢家。

02 情商对于投行工作的意义

——蔷薇

曾经自己对于情商缺乏认识，经历了一些挫折后感触较深，想和大家分享点滴感触，情商对于投行工作的意义。

情商对于投行工作犹如必修课，需要有意识地点滴积累，从最初的单纯冒进到日后的专业沉稳。情商高表现在说话做事会考虑到对方的感受，既让别人舒服也不影响自己。情商高有助于提升项目团队的沟通效率和更好相处。

待改善的场景：

例一，本科毕业刚工作时，作为单细胞工作狂，饱含热情特别想把工作用心做到最好，忽视了与组员的交流和相处。工作中结果导向型的思维方式的确把工作完成得不错，得到主管们的肯定，但过程中稚嫩的我没有提前和资深组员很好地沟通，把原先她制作的模板全面修改，结果可想而知。现在回想起来，那时如果提前和她沟通，通过工作餐或是下午茶时间，坦诚交流对前辈谦和尊重，被赞赏时懂得表达感谢，可能会更好。作为新人，刚开始工作出色真的不算什么，需要积累的其实有很多，如何更好地融入团队，如何恰当地表达自己，这些特别重要。

例二，读研阶段因为学习、活动和实习，占用了很多时间，和同班同学聊得很少，有时还会因为不会表达而被误解。沉默是金或是话少的结果是别人了解你的机会少，只能通过其他途径听到只言片语。其实那并不是真实的你。时间久了难免就会产生隔阂。沟通是人与人交往的纽带，即使忙碌也尽量参加集体活动，大家一起聚餐聊天，很简单很自然的氛围，不经意间心结就打开了；工作学习不是生活的全部，安排好与家人好友相聚的时间，感受生活中点滴的轻松惬意。

例三，研二阶段很幸运在热爱的领域实习，重蹈覆辙依旧过分专注于工作本身。某天中午部门同事组织学习分享活动，因为担心下午会议内容准备不够全面，我静静地在办公室查收最新邮件，更新资料。后来，被误解为没有团队协作精神，其实骨子里特别热心主动。如果在专注工作的同时，多留意身边的人和事，会避免一些不必要的误解和弯路。工作不只有眼前的任务，更有同事的互助与协作。

这些都是青涩的经历。在我们的成长过程中，不缺呵护，不缺努力，不缺历练，不缺机会，却缺少对情商的感知和积累。受挫的我后来开始有意识地留心工作和生活中那些真正高情商的人是如何接人待物和为人处世的，很受用在此分享给大家。其实如果留心，就会发现身边或电视机前那些真正优秀且高情商的人是多么的聪颖和柔和。

难忘的场景：

例一，很佩服好友，曾经遇到挫折，初中时的同桌不放心下午来学校看望，我还没想到和她去哪里合适，既可以安静谈话又能吃东西。午饭后好友立刻带我去学校旁边的一家环境幽静不乏精致的咖啡馆。我们提前订好靠窗位子，后来直接到咖啡馆，同桌很开心，有关专业学习、找工作等话题我们聊了很久很久。很感谢好友的细心，后来再有好友小聚，都会提前用心安排。好友有很好的沟通和社交能力，总能处理好工作和生活的很多挑战，由此可见，高情商是美好生活的标配。

例二，很佩服主持人何炅，可能会有人存疑，我们属于金融行业，似乎和演艺圈相距甚远，举例有意义吗？我个人觉得，无论金融业还是演艺圈，需面对的沟通对象都有很多，面对的问题除了需要专业还需很好的沟通。面对众多项目公司客户、律师们和会计师们，我们需要专注做好工作，并与他人真诚相处，靠谱且成熟地社交。

有的人会全面否定情商不高的人，我不这么认为。情商完全可以培养，很多人单纯善良努力坚毅，但缺乏对情商的客观认识。情商是不以自己为中心，多考虑到对方，情商就是恰当地表达。内心真诚善良的人更需要提升情商，因为这是社会生存和发展的必需。

我觉得情商也不应被过分解读，对于投行工作，专业积累是最重要的，而情商会帮助你更好地融入团队，更好地接人待物为人处世。究其本质，人与人之间持久而深挚关系的建立，不是利益的捆绑，而是共性和吸引。专业积累需要自己耐得住寂寞与孤独，付出长期的努力，而情商能让你在前行路上更开心地前行，点滴改善，专业成熟。

5 投资尽调，走马观花还是抓大放小

01 VCer的财务尽调报告究竟该怎么写

——张智星

一提到“财务尽调最好机构自己做，甚至投资经理自己做”，很多人的第一反应是：“几千万都投了，还在乎请个第三方机构那点钱？”

这么说，虽然也不能算错，但也不能说是完全正确的。首先，“收钱办事”的第三方机构与“为自己办事”的VCer，在心态上都有着本质的区别。其次，对于长期浸润某个行业的VCer来说，反而更容易凭借从财务之外得到的信息，发现标的公司财务中可能存在的异常情况。

那好吧，VCer只能自己试着写写财务尽调报告。

然而，一翻开密密麻麻的财务数据，VCer便立刻打消了自己写报告的念头——“太专业了，臣妾做不到啊”。

亲爱的VCer，你大可不必为此担心。可能你缺少的，不是专业水平，而是“套路”。

重点来了：今天就来说说，VCer的财务尽调报告究竟该怎么写呢？

【写作逻辑：否定，否定之否定】

如果说投资建议书的主要逻辑是：这个项目好，为什么好。那么财务尽调报告的主要逻辑就是：这个项目有风险，哪里有风险。

一般来说，一个完整的财务尽调报告写作逻辑应该是：提出问题—求证问题—证实或证伪—发现新问题—继续求证问题—证实或证伪。换成马克思主义者的话来说："否定，否定之否定。"一个包含了完整逻辑的财务尽调报告写作流程应该是这样的：

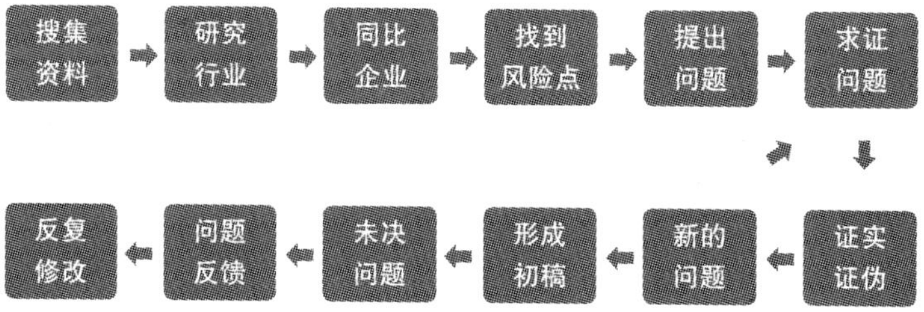

【报告的基本结构】

一、尽调结论与风险提示

一般建议在开篇就对公司提出相应的结论和解决方案。错误的尽调报告写作方法是——把结论放在文末。一般来说，大家的逻辑是把尽调结论放在报告的最后，然而，对于很多VC的决策者来说，他们并没有时间去阅读动辄长达十几页，甚至几十页的尽调报告。把结论和风险放在第一位，放在报告之前是非常重要的。

一个标准的尽调结论可能是这样的：我们于××××年××月××日至××日间，前往位于某地的某公司，对×××进行了访谈，查阅了×××，走访了×××。综上考虑，我们认为公司提供的财务数据是完整、真实、有效的，内控制度是健全的。但是，我们仍然提示公司财务存在如下风险……

而一个标准的风险提示可以这么写：公司存在提前确认收入的问题，公司于 ×××× 年 ×× 月至 ×××× 年 ×× 月，提前确认收入 ××× 万元，而未结转相应成本，由此造成公司 ×××× 年的主营业务收入虚增 ××× 万元。建议项目组要求公司对此进行整改，并保证未来的会计核算工作将严格遵守会计准则的相关要求。

二、标的公司概况

一般包括：公司基本情况、历史沿革、股权结构、公司业务、行业概况、子公司情况（如有），可按表格形式表述。

历史沿革和股权结构可以从法务尽调报告或公司工商底档中摘录，这一段内容的主要目的在于明确公司历次增资、转让过程中的估值、实缴、纳税情况，以及是否与财务记录相符。

公司业务情况，用于阐述公司的“购销存”流程。比如：公司主要供应商有哪些？是如何向他们下订单的？公司的仓储情况是怎样的？备货的周期是多久？公司的销售是怎样的？是通过直销还是经销？还有公司的回款是怎样的？给客户的信用期一般是多久？等等。

此外，对于某些特定行业（游戏、直播、电商、农业、工程、医疗）、特定的商业模式（经销为主、海外销售为主、合同能源管理、设备投放、预售为主、积分赠送），标的公司的收入确定方法必须做专门的说明（需要说明与同比上市公司的异同）。

行业概况用于描述公司所处行业的发展情况。公司的发展离不开整个大行业的环境，特别是一些周期性的行业。比如，一个处于下行周期的行业，如果标的公司的收入反而快速增长的话，那么其中一定是有故事的。写这一段的时候，可以参考上市公司/三板公司年度报告“管理层讨论”的部分，通常会对公司所处行业的情况或者公司未来的发展进行一些表述。

三、财务数据列示

该部分一般要求，至少提供企业两年一期的资产负债表、利润表和现金流量表。当然，财务三表的数量多多益善，以反映出企业主要财务数据变化的趋势。此外，该部分还需要对企业的偿债能力、运营能力、盈利能力和发展能力指标进行计算，最好是能列举三家同行业的上市公司/三板企业/非上市企业的相关数据。

重点关注科目：货币资金、应收账款、预付账款、预收账款、应付账款、固定资产、无形资产、其他应收账款、其他应付账款、主营业务收入、主营业务成本、销售费用。

会计政策：“八大减值”的计提情况、收入成本确认方式、研发费用资本化、折旧摊销计提、股份支付的会计处理等。

关联交易：关联方拆借款项、向关联方借款、关联方销售、关联方采购（程序是否合规、是否公允）。

与业务法务的契合：关注应收应付账款周转期、存货周转期是否与公司业务部门提供的信息吻合，关注注册资本及历次增资转让的实缴情况，关联方交易情况与法务尽调结论是否吻合。

一个标准的科目核查情况可以是这样的：公司××××年至××××年应收账款的余额为××××万元，增加/减少了××%，公司以应收账款口径统计的前十大客户如下（略），公司应收账款减值准备的计提情况如下（略）。我们检查了公司应收账款的期后回款情况，了解了公司对主要客户的信用政策，对比了公司应收账款减值准备政策与同行业公司披露的相关信息，发现问题如下（略）。针对上述问题，建议项目组关注公司存在风险（略）。

四、其他需要说明的事项

其他说明事项的这个并不是必备的，张贴它的主要目的是，对“科目核查情况”这一章节中未完全说明的问题，或者是尽调人员认为重要且需要重点核查的项目，进行一个补充说明。比如：或有负债、未决诉情况、对外担保保证、实际控制人个人涉及的大额负债、民间借贷、特殊的经营方式等。这些内容，在单纯的某个科目里是没办法完整说明的，就可以在“其他需要说明的事项”里进一步说明。

五、盈利预测

众所周知，盈利预测有很多种方法，针对不同生命周期的企业应当使用不同的方法。对于早期企业来说呢，产品尚处于研发阶段，其风险更多的在于现金流的控制，可以将未来 2~3 年左右的支出情况预测作为替代。对于成长期的企业，可以采用 DCF 或者是可比交易的方法进行预测。Pre-IPO 企业的盈利预测，一般采用可比交易法（PE/PS）等，其核心目的在于预测企业达到 IPO 申报条件所需时间及未来上市之后的业绩（估计减持时候的收益）。

需要特别说明的是，在写这一章节的时候，要将完整的前提、假设写出来，需要对公司各个产品线进行拆分、并对其成长性逐个进行测算。另外，需要注意的是，收入预测不宜特别乐观，因为其收入的增速和毛利水平终会回到行业的平均水平上去。

【常见误区：李代桃僵、无中生有、以偏概全】

一、李代桃僵：用审计报告替代财务尽调报告

这是实践中经常出现的问题，比方说拿到了 × 会计师事务所出具的审计报告，就可以直接 copy 到尽调报告中，然后高枕无忧了。但是，不怕一万个会计师勤奋，就怕万一有个会计师偷懒。况且我们知道，审计报告的编制逻辑和出发点，与财务尽调报告有着一百个男人和女人的区别。因此，这里的建议是，审计报告虽好，但不能偷懒哦。

二、无中生有：有事实无总结，有结论无依据

这一点是初学者经常犯的错误，这就像就小时候抄作业，只抄了答案没有过程，或者列了公式，不会算结果。比方说，对某个科目的核查发现了指标异常的变化，然后就没有了。或者是在结论中对发现的某某风险进行了提示，但是通篇找不到这个风险的来源。

三、以偏概全

很多尽调人员，甚至是一些“老鸟”，都会将财务尽调报告等同于财务分析报告，这其实是不完全正确的。事实上，财务分析只是财务尽调诸多方法中的一种：分析、复核、询问、访谈、问卷、观察、走访、盘点、抽样、专家咨询等。财务分析只能说是财务尽调诸多方法中的一种，如果对公司的理解仅局限于财务分析，那么能获取的信息量非常少，甚至是错误的（可能财务数据本身就是有问题的）。

【写作技巧：重要的地方用粗体】

首先，结论和风险写在开头，结论和风险写在开头，结论和风

险写在开头（重要的事情说三遍）。

其次，重点需要关注的文字呢，可以采用加粗或者放大字号的方式。

最后，需要注意的是，报告的整体页数不用太多，不用面面俱到，但是要逻辑清晰、重点突出。

本教程就到此结束，常言说得好，“技多不压身”，掌握一门“写尽调报告的手艺”对于 VCer 来说，也会是一笔不小的财富。

02 尽调经验：如何判断拟上市企业的成长能力

——盘贝尔

关于公司成长能力的文章已经非常丰富了，我结合实务中的经历，浅谈通过尽调判断拟上市企业成长能力的一些经验。

【为什么要关注拟上市公司成长能力】

几年前证监会对IPO发行价实行窗口指导以后，投行的工作精力几乎全部都用在保荐工作环节，国内外投行的工作差异越来越大，甚至导致了一种普遍认知：国内投行不是真正的投行。这种认知的根据就是国内投行没有致力于推广发行人（即拟上市公司，本文会不加区分地使用这两个概念）的股票、提高发行人募资金额，实务中关注点侧重于发行人业绩、模式有没有瑕疵，而不是论证发行人的业绩潜力。

实际上，这种认知偏离了实际情况。因为，我国有法律规定：对于发行人上市后主营业务利润大幅下滑的情形，保荐机构与发行人均需承担责任甚至是挨监管措施的板子。可这种认知确实道出了现状：即便关注发行人业绩，投行关注的也是下限，而不是上限。

发行人的业绩成长性，其实是投行业务收入的根源，是IPO以及后续资本市场股权类业务源源不断的孵化池，也是投行人员提高核心竞争力所要求掌握的素质。实践中，选择并将主要业务精力放在高成长性项目上，并相应地放弃成长性不佳的项目，是投行团队长期的优选策略。

【判断成长性需坚持的原则】

一、要有常识（投行业务领域的常识）

1. 市场总有竞争，利润空间大的领域一定会吸引越来越多的竞争者，壁垒不等于绝对防御。

2. 增长都是边际递减的。

3. 企业提供的商品或服务，必须是客户愿意支付，才有价值。通过促销甚至是倾销让客户暂时使用，不代表客户最终愿意支付。

4. 行业第一没有那么容易被你碰到。

5. 既往业绩无法保证未来业绩。

二、一定要区分事实与观点

现在的企业老板、管理层太会吹牛了，访谈先给你说一堆高大上的词，再给你拍胸脯保证明年业绩几千万元、几亿元。对于投行新人来说（如笔者），保持冷静总是有点难的，此时需要思考所得到的信息，哪些是事实、哪些是观点，尽量对事实作出自己独立的判断。

三、对"热点"需要保持冷静，辨析真正的商业模式

不少新兴行业的企业，总会以"蹭热点"的方式来描述自己的业务与商业模式。只要我们有坚实的行业知识储备，还是比较容易

剥去热点外衣，看清企业业务本质的。在这里分享一个两年前在朋友圈发的表格：

新老词汇对照表

原说法	新说法
高利贷	P2P
乞讨	众筹
算命	分析师
八卦	自媒体
统计	大数据
忽悠	互联网思维
耳机	穿戴设备
办公室出租	孵化器
看场子收保护费	平台战略
捣乱	颠覆式创新
借钱给靠谱的朋友	天使投资
借钱给不靠谱的朋友	风险投资

笔者在这里想强调的是，如果真的是新兴的商业模式、迎合新兴的消费需求，那么享受的成长性自然是极好的。投行人员需要花更多的时间广泛阅读、仔细尽调、多多交流，真正地把握好企业的商业模式，对其成长性作出准确判断。

【自上而下看成长性好的迹象】

一、所在细分领域的市场需求增长迅速，且市场供给集中度较高

市场集中度低的时候，行业内的众多企业对于整体需求增长带

来的业务都可以雨露均沾，还会因为盈利空间吸引资本加入竞争。因为市场集中度低，往往是这个领域壁垒低的结果。如果我们发现发行人所在的细分领域集中度较高，但又遇到了这样好的市场机会，那么发行人收益的程度就比较好。

二、供给侧的结构变化，趋势稳定，发行人市场占有率提升

供不应求是最简单的业绩成长性推手。很多时候，笔者会过度关注一个企业产品的竞争力、企业自己的科研实力、消费渠道的统治能力等可以标识企业是优秀的方面。但其实，在不少行业中，仅仅是供给侧结构产生的变化，就可以让获得资质在此行业中经营的企业获利。这样的行业往往是有较高的入门或者维持持续经营所需的门槛，比如今年以来的印染行业。因为政策导致的供给收缩往往是脉冲性的，所以我们需要关注行业中可见的趋势，判断供不应求的局面可以维持多久，在这样的机会里发行人是否可以提高自己的市场占有率。

三、发行人对市场有切实的掌控能力

衡量掌控能力最经典的，就是看发行人的产品在市场中有着怎么样的价格弹性。往往拥有较低价格弹性的企业，对于市场的掌控能力是很强的，拥有这样实力的企业很少，在此不赘述。

四、发行人的产品有独特、可辨认的优势

这里所谓的优势，涉及很多主观的判断，其实可以看出我们职业判断能力高低的地方。鉴于在制作IPO发行材料的过程中，本来就需要我们去论述这方面的内容，相信投行人员不会陌生。只不过，投行人员描述的优势，往往带有一些硬凑的成分，对于发行人真正的优势往往点到即止，甚至是没有发掘出来。

【判断成长性须特别回避的认识误区】

以下误区，是我认为存在极大不确定性的地方，即需要我们谨慎分析才能判断的因素，很多情况下往往是高成长性的假象。

一、搭一个场景，造一个平台，慢慢收钱前途无量

“容我先建一个平台，利用一个场景引流，一旦使用的人多了，我可以上线各种收费服务、播出付费广告等，到时盈利空间非常大。”如果我们听到类似的观点，一定要注意这种一厢情愿的想法其实很不现实。这样的模式，往往需要前期投入大量资金，却高估了用户对于平台的黏性，相应地也高估了后期广告投放的收入规模。

二、创始团队与某行业龙头渊源深远

拥有这种渊源的创始团队，他们创办的企业在初期总是可以获得非常好的业绩增长，容易对我们判断成长性时给予比较多的干扰。事实上，由于初创企业的业绩基数非常小，所以非常高的同比增长并没有太多的说服力，“既往业绩不可预测未来”，这句话放在这样的企业中是更有先见之明的。对于这样的企业，在判断成长性时，我们最好是先晾一晾，让它跑个两三年。

三、政策脉冲式影响，未来几年利好集中兑现

政府投资拉动是很多行业规模迅速扩大的驱动力，我们在留意政府拉动的意向与努力时，往往也会忽视市场自发组织的特点。在政府投资拉动的信息披露以后，整个市场的参与者都会自发地根据信息组织生产，堆积产能，结果很可能就是政府投资、政策补贴的效果平摊到行业中的主要企业时，企业受益程度远远不及预期。如果我们仅仅根据收集到的政策趋势信息来调整我们对于企业业绩成长性的判断，而忽视了市场本身具有自发组织的结构，那么我们更

容易高估企业的成长性。

四、发行人的产品是高科技的

大众印象中，高科技产品往往都具有戏剧性的、颠覆性的推广效果，公司推出“次时代”产品重塑市场，一举夺得超高业绩的例子从来不缺。只不过，高科技产品要转化为商业成果需要的时间不少，期间失败的比例较高。仅凭高科技产品的功能特点与性能，虽让我们憧憬，但恐怕难以单凭此作为我们判断高成长性的理由。在此方面，我们更需要换位思考：这样的新产品，产能上的“瓶颈”在哪里？降低成本的难度大不大？客户真的需要那么高性能的产品吗？

03

PE股权投资财务尽调主要关注事项及个人感悟

——黄敏达

本文主要介绍我在做投资财务尽调过程中的一些感受和思考总结，希望能对这个行业感兴趣的朋友们有所帮助。

【日常工作简介】

PE机构的传统工作分为“募投管退”四个，其中我所在的风控部主要参与投资阶段的尽调环节，具体的工作流程是：投资经理市场上找项目，初步筛选过后拿到公司立项，通过后，公司在内部各部门抽调人员组成项目组，一个项目组的标准配置是：投资经理＋行业研究员＋财务风控＋法律风控各一人。投资经理在项目组当中属于统筹协调的角色，但并不具备对其他成员的领导权，项目组分别从投资、行业、风控（包括财务和法律）三个角度独立出具报告，并在后续的评审会及投资决策委员会上进行讨论。三个部门相互补充，相互监督，形成“三权分立”的状态，最大程度降低投资风险。

财务尽调工作形式主要是查阅资料，核心高管及上下游访谈，数据分析等，一般现场尽调时间1~2周，整个项目周期在1个月左右，晚上偶尔加班（通常在现场的时候工作强度会大一些）；财务尽调注重访谈和分析程序结合，对非财务数据的掌握要求很高，而且更加强调对公司财务规范性以及增长性作出总体评价，而不是单纯地审核每个会计科目评价财务数据真实性（当然，明显违背商业逻辑和舞弊明显的情形也要披露）。

【尽调前准备工作】

现在主流 PE 机构的投资策略涉及面比较广，因此对于财务风控人员来说，很多项目都是第一次接触，这个时候前期准备工作尤为重要。前期工作越充分，现场尽调越就具有针对性，效率越高，也越不容易被对方忽悠（或鄙视）。磨刀不误砍柴工，前期准备我认为至少要占到整体尽调工作量的 30%。

前期准备工作的主要内容有以下几点：（1）研读目标公司的同类上市企业的招股说明书及年报，以及其他行业相关的新闻，数据，信息等。总之，这个过程需要大量的阅读，同时一定要记下关键词和重要的数据。（2）获取立项报告以及评委领导们对该项目的意见。部分评委会成员在立项阶段给出的意见很有参考价值。（3）和同行业人士交流（如无法实现，至少和自己公司的投资经理交流），对一些行业当中普遍存在的现象，以及和公司有关的基础性问题先行沟通，总体把握一下方向。（4）上面工作都做完以后，自己沉淀一下，列出项目 3~5 个核心问题点，针对每一个问题点，再进一步梳理出需要具体落实的关键信息和步骤，考虑需要访谈哪些人，问哪些问题，需要获取哪些资料等。

【现场尽调的工作流程、关注重点及注意事项】

前期工作是提出风险，现场尽调则是逐一印证。另外，每天晚上回到住所后，花一点时间整理一下当天思路，每天都需要对前期准备阶段时候提出的观点进行修正甚至是颠覆性调整，调整后续的尽调方向。投资尽调很重要的一点是要形成自己的观点和意见，不能人云亦云。白天获取足够多的信息量以后，晚上多分析思考，总结和提炼出自己的观点。

具体来说，在现场尽调过程中，我认为应该注意以下事项：

1. 需准备定制化的资料清单。投资尽调工作是一个差异化程度很高的工作，不同项目需要关注的重点不同。现在到处都有尽调格式化模板，但是具体到每个项目中，必须要有一套属于该项目的定制化资料清单和实施程序，千万不能把一个通用的格式模板扔给企业让他们提供材料；也别把一堆基础工作表格交给他们去填写，尽量不要过多的麻烦企业。

2. 了解行业和了解公司是做好财务尽调的基础。出发前大量的阅读，现场询问的时候要有体系性，不要东问一句西问一句，想到哪问到哪。其中要重点关注和财务有关的信息，如交易模式、研发费用、产能、库存、账期等。另外，出发前获取一些常用资料，如前十大客户及供应商、主要产品的成本构成、销售台账、主要原材料近几年的价格变动趋势等，也有助于尽调人员了解行业和企业。

3. 财务合规性和盈利预测是财务尽调的两个永恒重点。相比较而言，PE 项目更注重合规性审查，VC 项目更注重盈利预测。对于初创型企业来说，财务不规范是正常的，但是只要公司拥有规范化运营的意愿，且所处的行业具有财务规范性土壤的话，这些都不是实质性问题。相比之下，公司业务的持续增长性和盈利能力则显得更加关键。

4. 关于收入的尽调。财务尽调对收入分析一般包括以下几个方面：第一，看目标公司收入的增长具有哪些核心因素，它是由什么原因造成的。这个核心因素可以是技术优势、可以是渠道优势等，分析这些核心因素未来的趋势变化是怎么样，是否持久。第二，收入的质量如何，是否能直接转换成现金流。有的企业收入很高，但是没有现金流，有的可能是行业属性导致的，比如新能源汽车的国家补贴，从申报至款项到位起码 1 年以上，且绝对额较大。当然，也有部分可能是企业财务作假导致的。第三，关于收入的确认标准。新准则下的收入确认更加注重实际控制权的转移，对于部分企业收入确认影响较大，可以适当和企业的外部审计师多探讨。

除了收入以外，财务尽调另外一个最核心的数据就是毛利率。毛利率一定要做趋势分析，并与同时期同行业公司进行对比，结合公司的业务模式，以及外部环境的竞争情况来综合分析。毛利率是公司总体竞争力的账面体现，也是大多数情况下应对财务造假的分析入口。

5. 关于盈利预测。虽然投资经理和行业研究员可能都会做盈利预测，但是该项工作应该是由财务人员来主导完成。盈利预测是一项主观程度非常高的工作，即使是同一个项目组的不同的人来做也可能存在较大差异，但是一般不建议同时出具多个盈利预测（乐观估测 & 保守估测），因为这样不利于决策。最好是上会前项目组内部做好充分沟通，统一出套大概率能实现的盈利预测。这个预测可以用企业提供的模型完成，但是一般不会直接用企业提供的数据。

【现场尽调后的注意事项】

目标公司及其上下游现场尽调结束以后，就可以开始编写报告以及准备上会事项，这个阶段主要注意的事项有：

第一，投资尽调报告切忌模板化。尤其是风控报告，精华在于报告开头的风险问题提示等，其他具体的细节信息能浓缩成结论就没必要逐一汇报，但是证据需要在报告或者底稿中体现，做到可追溯性（这也是对风控人员的自我保护）。

第二，上会前做好充分沟通，这个沟通包括和被投资企业的沟通（确保自己的观点没有重大误解），和直属领导的沟通（汇报主要事项，听取指示），以及和项目组的沟通（同一个项目组之间不是对立关系，需要保持充分沟通）等。

另外，上会之前最好准备一下发言稿，上会发言不是对尽调报告的简单重复，而是简明扼要、有理有据地告诉评委这个企业到底能不能投，原因是什么。每个问题的汇报格式最好按照“企业存在的风险 + 自己对该风险的看法”的来写，可以适当的口语化，保证信息交流的顺畅度。一定要充分重视每次的汇报工作，毕竟是直接向领导展示自己的专业素质和综合能力的机会。

第三，复盘是最好的提升自己业务能力的途径。做得好的项目要复盘，坏的项目更要复盘。

第四，作为公司的风控人员，在发现项目存在关键瑕疵时，要第一时间和项目组以及主管领导沟通，必要时也要叫停项目，避免公司资源浪费。风控人员和内审人员一样，需要极高的独立性、职业道德和部门荣誉感，当然过硬的实力是基础，一定要不断提升自身业务水平，才能体现出风控部门的专业度和威信。

6 投资决策，是戏精上身还是真诚合作

01 融资甲乙双方的内心戏

——江子骞

在我们鼓励双创的大背景下，创业者与形形色色投资机构之间的关系变得更加紧密。这其中，近年来互联网浪潮下从BAT急流勇退的大军成了互联网创客的主要代表。投资机构方面，小到个人天使投资者、老牌知名VC，大到政府引导基金，都开始不断涌入。所以，根本没有所谓的“寒冬”，历史上也很难定义寒冬，更多的其实是“头脑发热期”与“成熟冷静期”。

【情景1：创业者自我膨胀（发生概率90%）】

创业者：我们不缺钱；我们即将引领行业的新潮流；我们的竞争对手都是“垃圾”……

投资机构：不缺钱那还需要我们干嘛？我们也希望你引领行业新潮流；其他竞争对手也说你是“垃圾”……

点评：这是创业者与投资机构互撩过程中常见的戏码。其中的

核心逻辑就是：作为创业者来说，无论在做的事或者在做的产品有多好或者多烂，在投资者面前，这永远是我心中的宝贝。既然是宝贝的话，那肯定希望能卖个好价钱。

这个时候，类似上述的各种自我膨胀，自我打肿脸充胖子就是必须且必要的戏码，如果一开始不把自己架子抬得高一点，后面可能会被资方压价压得很惨。那么作为资方来说，其实也是见怪不怪了，也不会有太多的口诛笔伐，唯一需要衡量的是这玩意儿究竟是不是紧俏货，因为万一不上心真拱手让出的话，也是件非常遗憾的事。

【情景 2：投资机构挑刺儿（发生概率 80%）】

投资机构：我们尽调后发现好多问题，问题 1、问题 2……问题 N，这个还是有点让我们担心的……

创业者：这些都是发展中的问题嘛；上述问题我们也意识到了；我们已经在改了；我们已经准备改了；我们将来肯定改……

点评：情景 2 对应的是情景 1“你来”的“我往”。既然你把公司往好里说，那我们肯定就是要来挑毛病的，否则这尽调做了也等于白做。这些问题中，最担心的就是出现难以弥补的硬伤，这会直接导致项目终止。如果都是一些流程上的、管理中的问题，那这些也就是简单的压价的固有流程。所以才说，创业者一旦一开始不吹捧下自己，后面能再度握有话语权的机会就很少了。

【情景 3：为求动力先加压力（发生概率 70%）】

创业者：我们希望你们加快推进，两周内能否搞定？其他投资机构意向都很足……

投资机构：我们这儿不是炒股票，我们也是替 LP 打工的，你找他们呗……

点评：对于一般投资机构来说，一个项目的成功投资的前期时间短则一个月，长则可能跟踪好几年。因为的的确确，钱都是 LP 的，为了向更上层的金主交代，盲目冲动投资是比较忌讳的。当然，我们会说，以前有那么好 case 放在面前，如今都变得有模有样，是不是好后悔？但事实是，有更多的 case 充当了行业发展的炮灰，早就烟消云散了。所以，如果创业者单纯地压迫资方进度，往往会得不偿失，除非双方都认为这的确是个很棒很赞的产品或服务。

这其实也就像男女谈恋爱一样，你不能否认有一见钟情的发生，但常规模式还是细水长流，有情人终成眷属，缘分到了自然水到渠成。

上述是简单的三个比较高频的创业者与投资机构的你来往我，更多的也是双方交锋中的冰山一角。交锋中有真的“你就是错的”，也有假的“我觉得有好多问题”。

对于创业者来说，也别老指望着融资，如果自身经营真的可以良性循环，还不希望资方那么早进入呢；对于投资机构来说，也别老指望着投出独角兽，企业发展过程中任何情况都会发生，提升自身的专业性以及做好投前投后的精细管理，才是寻找到、孵化出优秀企业的根本。

02

闲话创业起步阶段需要注意的“坑”

——杜林钰

【起个好名字】

每个人对“起个好名字”的理解可能各不相同，但说到底，好名字的影响主要在于：（1）让交易对手、投资人、客户容易记住或有印象；（2）能有好的简称，高的商标注册的成功率；（3）IPO 后好名字对公司市值还是多少有些影响，在起步阶段的融资也更容易脱颖而出。

从工商注册开始，商户的字号就会留下印迹，当然有一些公司的名字会在一定时期里刷屏，如下面这个：

企业法人营业执照	
统一社会信用代码	91610302MA6XA3××××
名称	宝鸡有一群怀揣着梦想的少年相信在牛大叔的带领下会创造生命的奇迹网络科技有限公司
住所	陕西省宝鸡市渭滨区 ×× 巷 ×× 号
法定代表人姓名	牛 ××
公司类型	有限责任公司（自然人投资或控股）
注册资本	100 万元
成立日期	2017 年 5 月 22 日

但从实际经营上说，太长太独特的名字也会遇到一些麻烦：（1）不少银行的网银开不出那么长的账户名；（2）各种需要填写公司基本资料的场合，填写人会很郁闷，这里可能包括客户、交易对手、投资人、中介机构；（3）开发票的信息很长，开发票的人会很郁闷；（4）介绍自己很费劲；（5）好奇名字的多，关心业务的少。

【名字的影响力】

以上市公司为例，虽然不绝对，但同一时期内，好名字对公司的影响详见下图：

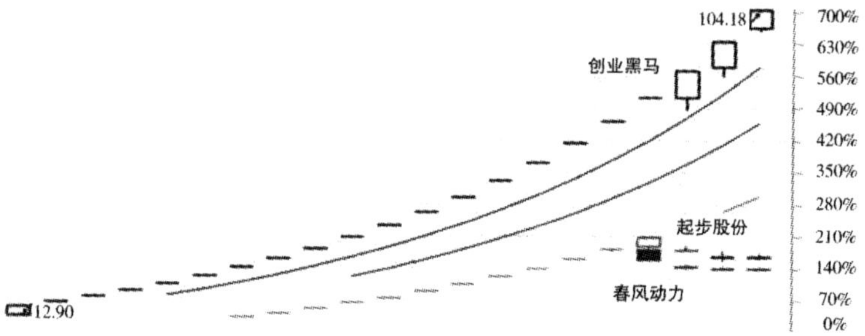

如果恰好和隔壁老王一起打新，自己正好中了2017年8月10日上市的新股叫创业黑马，而隔壁老王中了2017年8月18日上市的新股叫春风动力，媳妇和隔壁老王一起中了2017年8月18日一起上市的新股叫起步股份。那么，在2017年9月4日，春风动力打开涨停板的时候，创业黑马比春风动力多拉了7个涨停板，而至2017年9月7日，还在持续涨停。在2017年9月4日，春风动力和起步股份一起打开涨停板的时候，起步股份继续奔着涨停去了，而春风动力奔着跌停去了。

以 2017 年 9 月 7 日的交易数据看，三个新股的数据对比如下：

项目	创业黑马	春风动力	起步股份
市价	104.18 元 / 股	42.30 元 / 股	27.08 元 / 股
总股数	6800 万股	1.33 亿股	4.70 亿股
总市值	70.84 亿元	56.40 亿元	127.3 亿元
流通股数	1700 万股	3333 万股	4700 万股
流通市值	17.71 亿元	14.10 亿元	12.73 亿元
市盈率	232 倍	46.69 倍	62.70 倍
市净率	20.64 倍	6.57 部	9.75 倍

春风动力看上去更具备价值投资的潜力，起步股份流通市值更小，而市值最疯狂的，却是创业黑马。因为，人家的名字叫“黑马”。

【注册资本不是越高越好】

注册资本要量力而行，不要任性，尽管注册资本不需要马上实缴，但股东有实缴的义务。开个公司就像生个孩子，生出来容易，想塞回去就难了。同时，高额的注册资本，未来在融资过程中打算如何处理，又需要对投资人做何解释？这些都是需要考虑的。

商业上，过于高额注册资本的公司，可能也存在问题。例如：

企业法人营业执照	
统一社会信用代码	91120118M05J7××××
名称	中金××××有限公司
住所	××自贸试验区（××经济区）××国际物流区第二大街×号×××室
法定代表人姓名	金××
公司类型	有限责任公司（台港澳法人独资）
注册资本	200000万欧元
成立日期	2016年03月21日

20亿欧元注册资本的壳，并不一定代表着20亿欧元的信用保障，有兴趣的可自行了解。

【资本公积转增注册资本】

融资过程中，通常投资人是溢价增资，增资款通常是一部分计入注册资本，剩余的计入资本公积。这时候，有些人会动脑筋，用资本公积转增注册资本的形式，来提高公司注册资本。

如果是一个刚刚起步的有限责任公司，那么税务局的同志们就要上门了，通过资本公积转增注册资本形式向股东做的“股利分配”，公司要为股东代扣代缴相关所得税（这个问题实践中还有很大的争议）。是的，还没有盈利，持续支付运营成本，刚刚起步做了融资的公司，因为动了资本公积转增注册资本的小脑筋，还没有真正产生“所得”，就要先开始光荣纳所得税了。

【知识产权的保护】

对自身知识产权的保护，从公司的字号、商标开始。最好找专业的律所团队操作，不要依赖百度上的广告信息。后者的价格可能稍便宜一点，但恶意抢注的情况经常发生，不要问抢注的人为什么会知道你要注册什么，你懂的。到时候可能要花数倍于注册商标的成本，去买回被抢注的商标或字号。

目前，在商业模式上有实现知识产权保护的方式，但要运用到实际操作中还比较困难，需要技术基础。以共享单车为例，把共享单车的商业模式作为知识产权保护就是行不通的，但若把某种传输技术，或开锁方式等作为知识产权保护，再把这个技术应用于共享单车，就可能成立。

对知识产权的侵害，有时候会在无意中发生，小到一张公众号上使用的图片，可能会引来某知名上市公司法务团队的邮件、律师函，甚至起诉书。具体哪家会来信就不讨论了，搜一搜就知道。如果小编和老板有仇，就尽管大量使用那些“来路不明”、样式精美但知识产权保护实际上非常严密的图片来点缀公众号吧。

【行业选择】

真正的开创事业，必然是一场长跑，多数创业者需要经历起伏。有所成就者，短期的切入点可能起源于车库的编码，可能来自于街头巷尾的广告，可能开始于一篇理论研究的社会实践，也可能发端于做个网络寻呼机的互撩。

开创者不缺灵感，不缺执行力，不缺激情，不缺耐心，更不缺坚韧和对抗压力的决心和勇气。但俗话说得好，“男怕入错行，女怕嫁错郎”，创业者怕选错切入点，投资人也怕所托非人。切入点的选择，是创业者对自己的负责、对投资人的负责，更重要的是对一起创业的小伙伴负责，毕竟时光不可负。

行业的选择有多重要？举个接地气的例子：外卖。大学生创业，创在了大学生需求的要点上，又赶上了有一代人不爱做饭又愿意为外卖埋单的时代。于是，前者让宿舍里的大学生再也不用烦恼该轮到谁下去打饭了；后者让一帮原来搞团购的发现，比起团购消费，还不如去送外卖；对商户而言，外卖不占地又有营收，团购占地又要打折，自然有优势；对团购网站而言，很多优质商户可以接受外卖订单，但不做团购。

愿意为外卖埋单，因为饭得自己吃，但不用自己做。后来有几个项目想着沿着这条线往前走，做了厨师上门，想解决的是饭不用自己做的问题。但是，在上门送外卖面前，上门送厨师的效率显得低很多，而优秀厨师的价值在这种大众消费的背景下，也无法体现。

不过有个项目沿着送货上门的路子，做得还比较成功，5 公里内超市送货上门，日用品和各类食品一应俱全，一般 30 分钟送到，有空还能去看看大螃蟹、大龙虾，吃吃海鲜，喝口小酒。这个切入点，也是巧妙，但前期要做的投入不小。

【切入点选择】

切入点的选择，再聊个不想动手做的例子：上门洗衣。在啥都能上门的匆匆那年里，上门洗衣的项目也有几个，但效率抵不过小区干洗店、价格拼不过家里洗衣机。

毕竟，在饭要自己烧但衣服有洗衣机洗的时代，这样的切入点，遇到阻力完全可以理解。今天的共享充电宝，似乎像极了昨天的上门洗衣。不过话又说回来，失之东隅收之桑榆的事，也常有之，做团购的一开始谁想到自己会跑去送外卖了呢？很多事情也可能从“需求”开始，慢慢就走向了需求。

切入点的选择主要考虑：（1）行业的天花板及细分领域占比；（2）可执行性与案例经验；（3）市场需求与趋势；（4）客户结构与规模；（5）盈利模式、延展性、现金流与消费频率；（6）业务可复制性及推广成本；（7）市场竞争者与可替代性；（8）资源依赖程度与资本投入；（9）行业门槛与行业风险；（10）知识产权保护与法规、政策限制；（11）执行期限与时间表。

系统的思考，对准备开展工作的几个切入点通过矩阵形式做综合评价，结合团队能力与资源优势，对创业项目作出更全面的分析与判断。不仅仅关注于眼前的利益和融资考虑，也避免进入到表面上有资源、有机会、有兴趣，但实际需要持续且大量的投入，却难以发挥优势，实现有效产出的项目方向上。不是所有的好项目都适合拿来创业。

【创业者的宿命】

排除打着“创业”的名义，以追逐热点、聚焦炒作为目的的项目，以及打着“融资”的幌子，以坑蒙拐骗圈钱套现为目的的项目，对那些真正有开创事业先河、有情怀、有能力、有人格魅力，更重要的是有底线的创业者，还是应该支持和鼓励的。

核心团队的选择与招募，与执行团队的选择与招募，同样重要。当然，最重要的是，创始人自己需要有足够的人格魅力、能力、包容和耐心。核心团队需要各有所长，互补性强，执行力强，有担当，有共识。说到底，创始人是个坑货，这个项目就很可能是个坑。

不要给投资人求心理阴影面积的机会，否则心凉了，茶凉了，项目也就凉了，圈子真心不大。创始人在积极求进的过程中遇到挫折，甚至失败，都可以接受，但有些事情不可以接受。

【现金流的规划】

现金流是企业的生命线，无论大小。只是小企业更经不起风浪，受不了折腾，更没有起死回生的机会。所以，更要盘算好自己的那一亩三分地该如何有序利用，要怎么好好活下去。

说到这里，心疼贾会计三秒钟。贾会计看准高点顺利减持，本可以拍拍屁股走人，那个高点，资本共襄盛举，他先撤，老乡掩护，没人会怪他。但贾会计偏不，他先走了，却又马上回来了，拉着更多的乡亲们一起走。

先不说战略规划是不是合理、公司管理是不是妥当，对外投资、收购和采购的估值和具体融资计划是不是合适。只想说，在那一两年，贾会计应该是很用心在创业的，带着理想，和现实火拼。毕竟能几十亿落袋为安的人，没必要去图谋一堆满足私募门槛的投资人口袋里的区区 100 万元。

在他的体系内，方向似乎都是对的，但是现金流却是不对的，而最终，也是致命的。毕竟大部分公司不像一些公司一样，有本事一年暴亏几十亿，也不是每个项目都命好有补贴。暴亏的项目，合乎会计准则，可能没有人去深究，但贾会计的项目，即便合乎会计准则，也免不了要被深挖。贾会计这一次，怕是回不来了。

03 关于私募基金从业人员的几点思考

——陈卫强

本人虽然在投资领域已 3 年有余，但真正从事私募基金刚满 2 年。为什么选这个行业，自己也想不明白，如果我当时有机会选择的话，我可能更倾向于选择做投行，因为在主流的观念里，投行才是高大上，私募就是集资的生意，是商人干的事情，而中国的商人历来没有什么地位，受到更多的可能是非议，而不是尊敬。

虽然现在感觉私募就是我可以做一辈子的事情，但不排除哪一天我去搞其他行业的研究。写此篇文章更多的可能不是对私募行业本身的思考，而是对我本人如何做私募的思考。

【行业选择的问题】

私募基金创立之初一般会锁定一个或几个行业，这是公司战略层面的问题，比较考验合伙人的眼光和度量。

有眼光可以选择那些适合自己基金的行业，度量是要懂的舍得，摒弃那些虽然很热但不适合自己的行业。我认为第二个更重要，不然很多时间都会浪费在跟风上，不利于独立思考。

至于眼光，这个可以用时间来解决，在一个领域待久了，眼光也不会差到哪儿去。

有一个道理要懂得，即今天努力的一切务必要成为明天的门槛，不然跟熊掰玉米有什么区别。如果不能专注于一个领域，只能永远做私募行业的“民工”。

我所在的第一家基金管理公司，最初定的大方向是医疗，可能很多人觉得投资范围真窄，我自己都这么觉得，至少自己感兴趣的行业不能看了。

过了几个月，发现这个问题根本不存在，医疗这个范围太大了，甚至有申请合伙人继续聚焦的想法。

医疗这个行业，做了几个月，随口就能说体外诊断、骨科、齿科、眼科、慢病管理、肾脏科、母婴、养老、细胞治疗、基因检测、康复、医疗大数据、CRO、移动医疗等这些细分领域，关键是这些行业除了和医疗这两个字有关系，各自之间都没什么交集，理解一个细分领域对另外一个领域没什么帮助，哪有那么多精力和心情再去看其他行业。

当时就想能不能再聚焦，假以时日，必然能成为那个领域的专家，投自己熟悉的领域，投资就会容易很多。如果不能确定好方向，就会把时间浪费在理解行业上，永远看不到这个行业更深层次的东西，等于慢性自杀，自毁前途。

【投资进度的问题】

说到这个问题，只有四个字可以形容：不要心急。

很多投资经理都会急于投成一个项目，殊不知一个项目能够投成，少则一年半载，多则数年，没有一定时间的积累，断然不可能的。

也许你会听到过某位基金合伙人看到某个项目当场拍板就决定要投了，但你可能没有看到这个合伙人在遇到这个项目之前已经有了丰富的知识储备，或者这个合伙人和项目方的CEO早就很熟悉了。

如果大家是年轻投资经理，还是老老实实的跟自己的“智商”死磕吧，很多时候会感觉智商不够用，做好一年投不出一个项目的准备。

投资不易，我们应该感到庆幸，随着时间的积累，这些职业投资经理人越来越值钱，而新来者很难在短时间内超越那些投资老鸟。

【投资额度的问题】

这个跟投资阶段有关系，天使阶段的额度自然就比VC和PE的额度少，但你别因为天使投资的额度少就看不上人家，以为人家没水平。

其实，最应该值得尊敬的人就是天使投资人，投资额度虽少，但人家付出的精力比你做VC或者PE有过之而无不及，承担的风险甩VC或者PE几十条街，有一股输得起的精神在里面。

试问你VC或者PE输得起吗？和LP关系最好的肯定是天使投资人，VC或者PE说白了，就是LP的打工仔。

【FA的问题】

基金管理公司由于自己工作本身的特质，会接触到很多项目，但有些好的项目，自己可能不投，就很容易有介绍给其他基金来投的想法，顺便拿一些财务顾问费。

我个人认为这种想法最好还是趁早放弃吧，浪费精力不说，还会影响自己对项目的判断。一个是站在投资经理人的角度看问题，另一个是站在财务中介的角度看问题，不可能得到相同的结果。在全民 FA 的年代，为了自己的职业发展，还是放弃这条财路吧，能够独立思考更重要。

FA 平台的问题，市面上做 FA 平台的公司琳琅满目，好像这是新一轮商机似的，介绍个项目，拿着不菲的佣金，看上去很美好，但也永远只停留在看上去而已。

经济能够真正意义发展的本质，是优质的公司能够轻易拿到融资成本不太高的资金，任何提高融资成本的生意都不会走太远，金融中介做得最好的是银行，其次是券商。也希望 FA 平台能够站在券商的角度去看项目，做一个精品投行，而不是投机的平台。

【私募人员的知识储备问题】

我们要具备知识收集能力，这个是要靠平日的积累。

多关注一些时事，像《新闻联播》或者《朝闻天下》这样的节目最好要看，插播的广告也不要放过，看到一些不错的微信公众号，也要及时关注一下，也有很多不错的网站也可以经常去浏览浏览。

要有一些志同道合的朋友，不用太多，经营好彼此之间的关系就好。

财务分析能力要具备，最好多看一些这类的书，不要集中在某一本上，多看几本不同作者写的书更容易理解。法律的书籍更不用说了，埋头苦读吧。

【活动的问题】

现在市面上的投融资活动琳琅满目，不是什么活动都要去参加的。我认为只要具备以下两个要素之一，都可以去参加：

1. 有含金量的行业大咖，不是那种只是噱头的大咖。

2. 有含金量的项目，至少看上去符合自家基金的投资要求。

在参加活动的时候要珍惜自己的名片，不要把自己的名片像传单一样发出去，而是递交到有合作可能的人手里，或者你想认识的人手里。

最后，投资不易，且行且珍惜！

04 做好行业研究的一点建议

——小牛 Berlin

作为一名投资人，在选择项目投资标的的时候，无形中我会给自己设定这样的一个标准，那就是“不是创新颠覆的不投、市场天花板低的不投、不代表未来趋势的不投”。这就要求在做一个投资的时候，对标的企业所处的行业的把控就显得尤为重要。

工科出身的我在多年的投资生涯中，逐渐感受到行业研究其实是有规律可循的，专业并非是绝对的壁垒，为什么这样说呢？

因为行业研究其实是揭示某个行业发展的重要工具，研究不同行业虽然有着不同内容和条件，但是研究的方法论还是有着必然的相同点。

在做行业研究的时候，要注意以下几点：

【站得高　看得细】

说白了这就是要求我们在对一个行业进行研究的时候，要首先站在行业宏观层面的角度去俯瞰，理解国家对行业政策调控的意图。

就好像我们在读一部法律的时候，首先搞明白立法的意图，那样在进行法条理解和实际运用过程中就会简单不少。

看得细就是要求我们针对标的企业所属特定行业进行深入调研，包括行业发展的历史沿革、现状、未来格局、规模结构、同业竞争格局及综合信息等因素，设身处地地作为企业员工走进企业，感受行业每一个细节的运作，为企业自身或者行业分析提供重要的实践参考依据。

研究好行业与宏观经济之间的关联及发展逻辑也很重要，因为每个行业都是国民经济的一个链条，研究透行业所在国民经济结构中的位置和重要性，就很容易理解与掌握宏观经济变动对行业所造成的影响。在国内“政策市”的特有大环境下，这一点就显得尤为重要。

其实，行业研究最终都要回归到各个细分行业及企业层面，行业的核心就是需要深入研究组成行业基本单元的企业情况，这样才能后续升华提炼出企业所具备的共性。

【行业研究无捷径】

做好行业研究单凭几份下载或者购买的行业报告是远远不够的，个人感觉只有在掌握正确分析方法的基础之上，投入大量的时间和专注的态度，才能练就一个真正优质的行业研究人员。

在接触的很多企业家中，高学历的虽然占有一定比例，但是更多的还是务实谨慎勤勉的低学历或无学历居多。你会发现虽然他们无法非常专业准确地表述行业的专有名词或者技术细节，但是对行业发展中关键因素及未来发展趋势的把握要比我们研究生以上学历做行业研究的人要透彻得多。

很多企业家都是十几年乃至几十年深耕企业所属的行业中，多年的执着和专注造就了他们对行业的精准把握，所以说掌握正确的研究方法再加上长期深入的专注一个行业研究是练就基本功的关键。

那行业研究需要具备哪些基本的能力呢？

一、资料搜集能力

资料的搜集对于行业研究是非常重要的，俗话说“巧妇难为无米之炊”，没有一定的资料积累或者行业从业经验的积累，简直就是空谈误国。

基本的资料我们都会通过百度等搜索引擎来获得，但此刻关键词的选择就显得非常重要了，关键词的合理设置将会大大提高搜索的效率和材料的针对性。在获取基础资料之后需要对资料的真伪进行逐一判断，可以通过其出处来源及多份资料相互印证来辨别。

做好资料的搜集，最好是通过行业内部人士获取的一手资料来扩充资料库，是行业研究的第一步。同时，由于行业的发展变化日新月异，保持必要的信息跟进更新也非常关键，要让资料的活水流起来。

二、资料整理和分析能力

在资料搜集好后对资料进行整理和分析，就要求按照我们形成的行业分析框架思路进行资料整理与分析，最终通过分析，形成对该行业的认识与观点。

三、逻辑思维和独立思考能力

逻辑性是行业研究的灵魂，行业研究的宗旨就是通过行业过去与现在的表现去预测未来发展走势，预测未来走势的准确与否就要看分析的逻辑是否正确与合理，因此，建立行业研究的逻辑思维必不可少。

同时，独立思考也是行业研究中重要灵魂，“人云亦云”的做法始终是无法达到行业研究的目标，必须通过行业研究人员自我的观察、分析、独立思考出来的才靠谱，往往正确的结论与见解掌握在少数人手里，我们需要始终牢记培养起自己独立思考的习惯。

四、钻研和细节处理能力

一万小时法则在这里是适用的。细节决定成败，很多行业的趋势存在于一个个微小的细节中，我们要从细节中洞悉行业的未来，通过细节去发现和判断发展趋势。

五、交流与沟通能力

其实也就是情商的问题。一手资源的获得一般都是需要通过实地调研，与行业从业人员面对面交流访谈，学会向其在不涉及核心机密的基础上合理的发问，从其表情的一颦一笑来感受其内心对行业或者企业的感受，建立沟通机制。

第三篇　业务思考

1 IPO 规则多变，只有晴天打伞

01 2017 年 IPO 审核的节奏，对 2018 年会有哪些影响*

不出意外，IPO 在 2017 年已经创造了历史，不论是审核速度，还是通过审核者的数量。当然，创造的历史还包括历史最低的审核通过率以及过山车似的审核政策——从上半年向着“注册制”疾驰而去的一路绿灯，到 2017 年年底的“回头看”的报复性收紧。

不管怎样，2017 年已经过去了，对于 IPO 发行人来说，不论是幸运还是冤枉也都过去了，我们只能用“运气也是实力的一部分”来自我安慰。

对于小兵来说，2017 年最好的总结就是：这样的企业也能过？这样的企业也不过？

不论是对于中介机构、监管机构还是对于整个资本市场，IPO 都是关注度最高的一个业务领域，称为中国资本市场的晴雨表一点都不为过。

中国的资本市场并不缺乏资金，只是资金要以怎样的方式去参

* 特别说明：本文写于 2018 年 1 月，现在 2018 年已过去一半，而文中曾经的预测也慢慢地成为现实。

与和流动。以前是并购重组和再融资、后来是全民PE和互联网小贷，到了2017年是IPO，那么2018年呢？

对于2018年来说，IPO可能会是一个跷跷板，会引起一系列反应。下面的一些观点仅代表我个人观点，不妥之处大家一起探讨。

1. IPO审核仍旧保持一个快速的审核态势，同时审核标准会持续保持一个高的门槛，在行业（国家支持的新兴战略行业）和业绩规模（主板8000万元、创业板5000万元以上）两个重要维度的考量只会更加严格而不会放松。

在这种筛选标准下，那么在审的存量企业符合标准的并不多，库存消化的应该也很快。同时在这样的标准指导下，新增加申报的企业也不会增加太多，2018年很可能不仅堰塞湖问题能解决，甚至会出现没有项目可审的情况。（这是2018年年初写的文章，现在看来没有项目可审刚好是给独角兽回归和CDR开辟了顺畅的道路）

2. 监管机构可能会针对高科技和互联网企业出台一些IPO审核的特定标准。

港交所因为错过了阿里巴巴而一直懊恼不已，也一直因为留住了腾讯而庆幸不已。在目前小米、阿里系等诸多企业准备上市的情况下，香港迫不及待地表达了看法，伸出了橄榄枝。我们的监管机构也一直在反思因为自己的政策，错过了那么多好的企业，但是一直危机感不够，这一次会动真格吗？（欢迎独角兽企业，不单单是将已经上市的企业通过什么方式引入境内，更重要的是要将一些还没有走到境外上市的独角兽企业能够留在境内，这可能需要规则和理念上的大调整）

3. 投行本来就是靠天吃饭的，哪块云彩下雨真的拿不准。历史经验表明，IPO和并购重组往往是互补性的，一个做得好，另外一个往往就不是那么好。一来大量的资金总要有一个出口，二来投行的人每年都要吃饭，总要有业务去做才好，三来 IPO 不好做了，很多企业就寻求并购，那么并购也就多了很多好的标的。2018 年 IPO 审核的标准提高了，那么很多不符合 IPO 标准或者已经被否的 IPO 发行人，很多可能又开始有了并购的念头。

4. 中概股回归不受欢迎？不存在的。从目前的 IPO 审核来看，监管机构通过 IPO 这种独有的资本运作的方式，筛选和保留优质企业的目标非常明确。那么监管机构可能不只保证未上市的好公司能在国内上市，还会鼓励已经在境外上市的企业能够回归境内上市。

从 360 火速借壳上市和修改股票代码的一系列任性操作来看，中概股回归不受待见？不存在的。当然，欢迎中概股回归是有条件的，是欢迎优秀的企业回归而不是国外待不下去的回归，比如坊间传言的净利润超过 2 亿元或者更高业绩规模的企业是欢迎的。

5. 哪里有好企业？我们一定不要忘记我们的国有企业。大家都知道，现在大的知名的国有企业 IPO 都已经差不多了，但是还有很多地方的国企以及一些国有集团下属的企业。对于民营企业来说，净利润 5000 万元可能很难，但是对于国企来说净利润超过一个亿的数量还是一把一把的。2018 年国企上市会不会迎来一个小的高潮，我们也会拭目以待，这对于小的国企来说，也确实是一个非常好的 IPO 上市的窗口。

6. 券商格局会发生比较大的变化。前面我们一直在讲以后的 IPO 是要看质量而不是数量，而以前的 IPO 竞争中券商都有着鲜明的打法，有的靠小企业规模取胜有的是靠大项目质量取胜，有的靠关系找项目有的靠口碑找项目。2018 年已经过去了 1 个月，IPO 的打法我们也感受到了是跟以前截然不同的，从这个角度来讲，这样的感受利好于一些券商，同时利空于一些券商。到了 2018 年年底，我们再去统计券商格局的时候，可能会发生一些我们意想不到的变化。

7. 新类型券商的业务值得期待。2017 年我们又设立了很多券商，大有通过创新和机制改变现有券商格局的架势，但是至少在现在还没有一点这样的迹象。为什么？因为 2017 年的主题是 IPO，在 IPO 领域新型券商确实跟老牌券商相比没有任何的优势，不论是资源、人员还是风控。还是我们前面讲的，如果 2018 年的主题不再是 IPO 呢，而是并购重组或者财务顾问呢，可能会有一些新型券商借机脱颖而出（不能忽视的是，新型券商总是跟某些独角兽有些紧密的联系）。

8. PE 投资的回报率与风险越来越不匹配。不论哪家 PE 做得有多牛、有多么创新，谁也不能否认 IPO 是 PE 投资最安全，也是回报率最高的一种投资退出方式。2017 年 IPO 的火爆让 pre-IPO 的投资成为最火的一个主题，很多投资机构为了一个投资机会显然是拼了命了，有的能在新疆待上一个月。

现在 IPO 审核突然收紧了，曾经投资的项目可能会成为一个大坑。2017 年的 pre-IPO 的投资已经价格很高了，很多投资者已经不在乎收益，而是速度和安全，只要能够快速、安全地变现，收益率低点没关系。而现在是，如果投资的项目纷纷被否呢？

9. 新三板业务可能会有新的政策出台，新三板彻底盖棺定论。2018 年新三板还会有新的制度出台吗？我坚信会的，一定会的。股转公司不会允许自己一年没有什么动静的。但是现在尴尬的是，新三板每出台一个政策都对新三板没有什么效果，最后新三板彻底死亡陪葬的可能也就是这一堆堆政策了。对于小兵来说，新三板的历程就是：孩子自己努力加油健康成长——你不要吃垃圾食品，怎么说都不听——怎么能不尊重老师、团结同学——骂你打你都已经不那么解恨了——你走，我就当没你这个孩子。

曾经新三板的断崖式衰落跟 IPO 门槛大幅降低很多优质的挂牌企业转板 IPO 有关系，那么现在 IPO 门槛又大幅提高了是不是对新三板是利好呢，这是个假设，要看股转公司如何去看，去做。

10. 二级市场分化更加严重，好的企业更加值钱，反之亦然。小兵不研究二级市场，也一点观点都没有，这个观点也是网上看到的，小兵也不保证正确。

02 对于规则，唯有适应

我们从来都不是主导制定规则的人，而是被动顺应规则的人。投行工作就是我们养家糊口的一份工作，搬砖也好装孙子也罢，至少还算是一份不算太差的工作选择。

投行队伍里从来都不缺聪明人，更不缺少有情怀的人，我们也想改变投行民工的自我定位，也想颠覆投行“靠天吃饭”的尴尬境地，我们也想能够站到更高的角度去思考、去决策、去指挥。可是事实呢？

保荐制度到现在已经刚好 15 个年头了，也经历过很多次波动，曾经毫无征兆的漫漫无期的 IPO 暂停难道不比现在的局面更差？我们反思投行、讨论改革也不是这两年才有的事情，可是事实呢？

我们要大力发展并购重组业务，我们要极大提高再融资业务在投行业务收入中的比重，我们要设立专门的行业群组对行业进行产业链的深耕和研究，要“一鱼多吃”。可是，一个政策就可以让大多数的重组业务无法进行，一个文件就可以让再融资完全没法操作，一个指导甚至一个眼神就让很多行业自身成为投行业务的实质性障碍。

到了最后，我们投行依旧在高傲的精神上面，蜷着卑微的身躯，小心翼翼地跟随着大环境和大趋势。监管机构鼓励什么希望我们做什么，什么业务就会做得很快并且成功率很高，我们就要赶紧去做什么业务。毕竟，我们是要挣钱的，你不做就挣不到钱，那么部门的兄弟就没钱回家买年货。现实总是那么残酷，也是那么无奈。

其他的业务不也是如此吗？我们可以发展资管业务，我们可以发展杠杆业务，我们也可以发展投融资业务。可是等银行资金收紧二级市场疲软的时候，我们才发现，曾经的意气风发也不过如此，仍旧摆脱不了靠天吃饭的怪圈。

说实话，小兵从来都是一个视角小眼界低的人，不会从宏观上思考问题，也不会在高远的立意去发表观点。我只知道我只有吃饱了穿暖了才能有力气去好好写案例分析，我知道只有衣食无忧才能无所畏惧，也知道我们从来都微笑的很灿烂但也都有心里的悲苦。

2018 年的投行业务或许会有改革，但是我觉得更多的可能是我们自我的反思和调整，思考如何去适应最新的形势，调整自我去适应最新的规则。这样，或许我们并没有什么出息，至少能够保证让我们能够吃好饭。

IPO 否决率如此高，很多人都说投行没法干了，我要转行了，辞职报告都写好了。但是，我觉得更多人只是开个玩笑或者说了个狠话而已，第二天起床仍旧会乖乖地去打卡上班，不敢有丝毫的怠慢。投行不好干了，你真的认为别的工作就好干吗？比如私募、比如董秘、比如财顾？

IPO 业务不好干了，很多领导说明年战略转型不做 IPO 了，要干别的。那要干什么呢，在银监会[①] 一个个紧箍咒下，在资金干涸的情况下，资金业务不好做了通道业务仍旧是个选择。如果 2018

① 2018 年 3 月，新组建了中国银行保险监督管理委员会，银监会退出了历史舞台。

年 IPO 仍旧是这样的审核节奏，你可能明天就去努力做好发行人的工作，千万不要跟别的券商签了协议，大不了我们 6 个月之后从头再来。

很多人会问，为什么几个月的时间 IPO 的审核形势有如此大的变化，看不懂啊，到底是什么原因？

国家大背景下产业结构调整的因素、前两年注册制吹风的情况下申报企业质地不好、投行人员构成出现保代人数超过非保代导致现场没人用心干活、天知道的一些什么阴谋论和宿命论……这些可能都是原因，可是我们是否也发现，这些原因有些是我们根本无法干涉的，有些是我们应该去反思和调整的。只是，反思和调整的前提是在遵守目前的 IPO 审核规则情况下。

尽管很多人都说现在 IPO 否决毫无章法毫无规律，就是听天由命。就算真的如此，我们也应该在如此混沌之中找到一些思路和规律，并且做出自己该有的努力。

争取质地优良的发行人、尽职调查更加充分没有死角、信息披露详略得当逻辑清楚、日常沟通积极主动有理有据……这些是我们当下要去努力的，也是需要去调整的。

七过一、六过一、五过一……形势确实严峻，好在我们还有心情去编段子自娱自乐，这说明我们还关心这个行业，还在乎这个工作，我们仍旧愿意为了这个行业未来的发展去努力，为了自己的一家老小去奋斗。

03 关于IPO的十大隐形红线

一个企业是否能够IPO审核通过并成功上市，审核的标准只有一个，就是《首次公开发行股票并上市管理办法》，同行都称其首发办法。其实，如果仔细研究一下首发办法规定的IPO的审核门槛，就可以发现其实IPO定量的标准除了财务指标之外几乎没有其他，更多的是定性的标准，或者说需要综合考量审慎判断的标准。

从这个意义上来讲，一个企业IPO能否成功，绝大程度上不是某个事情没有做好，而是某些因素综合判断下来认定这个企业不适合IPO上市。说得再技术化一些，目前IPO否决的案例中，随着券商职业素养和风险控制的提高，不可能再出现存在明显IPO实质障碍的否决情形，更多的是一些隐性的因素导致了企业IPO的失败。

一、报告期内业绩的情况

尽管我们的审核政策和标准一直在做着细微的改变，不过基本的财务门槛（主要是净利润）还是一直存在。如果一个企业的净利润水平一直在这样的一个水平线上下徘徊，不仅这样的趋势没有根本性的改变，并且还有一些其他的瑕疵和因素可能会给企业带来扣分的情形，那么这样的企业就需要审慎上市。

二、发行人所处行业情况

发行人所处行业相对比较传统或者目前处于经营困难的情形，发行人的生产经营情况与整个行业的发展趋势相背离，比如别的行业净利润都在下降就发行人上升、发行人的毛利率远高于同行业公司等。如果发行人没有足够的独特因素和合理理由解释这些情形，那么也会存在较大风险。

三、发行人财务数据的真实性和合理性

财务数据的真实性，也就是拟上市公司财务造假的情形一直是IPO高压的核心甚至是唯一目标。监管机构对于财务数据真实性的核查主要有两个路径：（1）找到切实的证据，比如经历过现场财务核查的IPO企业，可能就会在银行日记账、财务凭证甚至是ERP账套中找到一些重要的证据。（2）通过合理性来反推真实性，如果你的财务数据不合理且没有一个让人信服的非常充分的解释，那么这样的财务数据就有理由可能在真实性方面存在差距。

四、中介机构财务核查程序的完备和覆盖性

在财务审计和核查中有一个非常重要的原则，就是重要性原则。具体一点就是，我们对于财务的核查需要核查到一定比例才能在一定程度上证明其真实性和合理性，这个比例实践中的执行标准可能是50%、70%，也有可能是90%。实践中，某些企业因为经营模式的原因可能对财务核查提出了非常高的要求和挑战，如果不能按照监管机构要求做到核查程序的合规性，以及核查范围的覆盖性，那么，也就可能存在核查不到位的风险。

五、重大事项的解释（新增客户、环保问题等）

尽管每个发行人可能都有其独特的经营思路和战略规划，但是

如果存在一些相对比较异常的事项，那么还是要详细说明并且解释清楚的，如最近一年一期新增加了重要的客户、最近发生了重大的环保事故、发行人的客户回款普遍存在障碍不得不债务重组、发行人对客户的信用周期越来越长等情形。这些问题都必须有一个相对比较信服的说明，不然可能就会对财务真实性或者盈利能力的持续性构成影响。

六、会计处理是否符合准则以及行业惯例

有些比较特殊的合作模式或者经营事项可能在具体会计处理上会存在一定的争议，如果发行人的会计处理不符合准则或者行业惯例，那么也需要重点关注。比如，是全额确认收入还是净额确认收入的问题、是完工百分比法确认收入还是一次性确认收入的问题、相关的人员工资是计入成本还是计入费用的问题等。当然，实践中这些问题都是可以通过具体的沟通来解决的，如果因为这个问题被否决可能更深层次的原因是对于发行人净利润水平的妥协。

七、内部控制措施是否有效

内部控制我们说它很虚无，其实有时候它又很奇妙。如果发行人有着比较典型的一些财务或者经营模式问题，更需要对内部控制措施的规定以及执行情况引起重要的关注，典型的情形，如个人卡销售和采购、现金结算、劳务分包或委托加工等。当然，我们也可以看得出来，这里提到的情形基本上都是属于比较特殊的情形。

八、行业和企业资质是否合理

对于某些行业来说，企业的生产经营是需要特定部门对于资质进行审批并且持续监管的。从目前审核的案例来看，尽管发行人做了很多的努力，无资质经营的问题目前来看仍旧很难满足 IPO 的审核要求。对于无资质经营的问题，如果能够取得主管部门以及资质

颁发部门的确认文件应该可以解决这个问题，不过实践中这又是几乎不可能完成的任务。

九、企业的生产经营是否发生重大不利变化

这也是我们在分析发行人是否存在持续盈利能力风险的一个最重要的因素，当然这一项也包含非常多的情形和内容，比如发行人的产品结构发生了变化、下游客户的构成发生了变化、销售区域发生了变化甚至是发行人所处的行业产生了重大的技术变革等。

十、竞争对手或者内部人员的举报或诉讼

做过 IPO 的，不论是中介同行还是发行人客户，都知道这一条可能比什么都重要。尽管在目前充分信息披露的情况下，举报可能也不会对 IPO 造成本质性影响，不过对 IPO 的进程以及其他规划影响还是很大的。实践中，举报者很可能是竞争同行或者是内部人员。

【结语】

小兵以前提过，目前的审核标准和审核进度已经有了注册制的模样，尽管注册制的核心理念是淡化盈利能力判断和强调信息披露，但是一个企业尤其是一个马上成为公众公司的企业挣钱和持续稳定的盈利能力永远都是一个企业是否优秀的核心判断标准。在这个理念下，任何因素的考量和判断归根结底最后都是在于企业盈利能力的判断，只是现在我们要充分披露因素和风险，以及这些因素可能对发行人未来盈利能力的伤害和构成的障碍。

04 互联网企业IPO，IT审计是不是必须的

随着互联网深入到生活的各个层次和方面，依靠互联网运行的一系列公司也是应运而生。经过这几年的积淀和成熟，互联网企业成功上市和准备上市的企业数量正在逐渐增加。从实践的情况来看，目前IPO的互联网企业主要有两种：（1）以电商或者类电商企业为代表的以互联网作为主要销售模式的企业，而最适合互联网销售的女装、化妆品、孕婴用品行业也成为最早的一批企业。（2）另外一种就是我们比较常见的典型的互联网经营模式的企业，比如通过互联网进行生产和销售的游戏类公司、以暴风影音为代表的软件应用公司以及为互联网服务的APP分销、营销宣传类公司等。

不论是怎样的模式或者怎样的公司，只要是企业有着比较明显的互联网的基因和印记，那么企业不论是生产还是销售甚至是研发，都可能与传统模式的企业有着最本质的区别。这种区别就是：互联网企业可能面临着海量数据的考验，而这些数据往往又是看不见摸不着的。在这种情况下，如何去核查数据的真实性和合理性，就是我们今天要提到的IT审计的一个应有之义。

一、IT 审计也是一种审计程序

尽管 IT 审计在审计环境、考量因素甚至审计方法等方面都与传统审计方式有着根本的差异，不过 IT 审计从本质上来讲，仍旧是一种审计程序。审计的核心目的就在于保证审计结果的真实和准确，IT 审计同样也需要实现这样的效果，只是在过程中 IT 审计需要考虑更多新鲜复杂的因素。IT 审计我们可以看作一种特殊的审计程序，但是仍然需要遵守和执行最基本的审计规则，同样需要对审计结果的真实和准确负责。

二、IT 审计的前提是保证数据来源的权威性和真实性

IT 审计与传统审计最本质的一个区别就在于其需要面对海量的互联网数据。审计说白了，其实就是对于海量数据的审计，对于海量数据的真实性和准确性负责。那么在这种情况，数据的取得来源、取得方式、取得的环境等信息就显得异常的重要了。

关于海量数据的来源，一般情况下可能主要有两个路径：（1）在企业自有的服务器或者租赁的服务器里存储，企业自己的业务会自动生成业务数据存储在服务器，企业对自己的数据负责，这种主要是游戏、软件等互联网研发生产企业。（2）企业的数据与其他公司一样统一存储在一个大的统一的平台上。比如电商企业，可能有无数家企业的数据都会存储在阿里巴巴或者京东的服务器上，企业需要向这些机构取得跟自己企业相关的数据。

在实践中，对于两种数据来源的方式我们简单分析如下：

1. 对于第一种数据来源方式，由于企业自动生成并保管数据是很有可能会篡改数据甚至是虚构数据的。在审计中，那就需要对企业数据生成、数据保管、数据转移、数据修改等企业的 IT 环境和内部控制措施进行核查，目的就是要保证数据从生成到最终审计的

整个过程中是否存在可能导致数据被修改的因素或者隐患。

2. 对于第二种数据来源方式，我们可以假定统一大平台的数据生成和管理措施是完善的，同时假定企业从大平台取得数据的过程和方式是值得信赖的，那么我们可以初步认定发行人的数据来源值得信任。当然，数据是否存在合理性，是否准确，是否有虚假的成分，那么就需要对数据进行进一步的分析。

三、IT 审计就是一个大数据分析的过程

IT 审计的基本前提是对 IT 的环境进行审计，保证数据来源的权威性和真实性，如果数据来源有问题，那么 IT 审计也就无从谈起，就算是能够审计结果也没有任何意义。

IT 审计的对象是海量的数据，那么从某种意义上来讲，IT 审计也就是一个大数据分析的过程。我们需要分析数据的合理性、数据的商业逻辑、数据与外部证据的匹配等各种情形。

我们以目前常见的电商企业为代表，IT 审计可能需要我们对以下方面进行合理性和真实性的甄别和核验。这些方面主要包括：销售金额集中度分析（不同平台销售情况分析、不同店铺的销售情况分析）；大额买家行为分析；大额订单分析；买家 ID 统计分析（同一买家 ID 在多个店铺下单的订单情况、同一买家 ID 在同一店铺报告期 3 年内多次下单的销售情况、买家下单的高峰时间段）；买家地址统计分析（一个地址对应多个买家 ID 的情况、一个快递单号对应多个订单、多个地址情况）；销售情况地域性分析；销售金额分析；销售退货分析（不同平台、不同店铺的退货行为分析、不同城市的退货行为分析、下单后短时间内申请退货行为分析、非常规工作时间的异常订单统计分析）。

互联网销售会有着与传统销售模式非常多的差异和不同之处，

IT 审计就是要对这些差异进行分析，尤其是对一些看似不合理但是在互联网销售情况下又很常见的情形进行详细说明。比如，互联网销售存在集中下单销售的情形，在某个时间点可能会有巨量订单；某个客户可能存在多个 ID 购买的情形，也存在一个 ID 多个地址的情形等。

05 赚它一个亿，就能妥妥地上市吗*

【IPO 审得快，否得也多】

对于 IPO 来说，2017 年注定是要写入资本市场 20 年历史的一年。对于每一个投行小伙伴而言，不论是在项目一线还是在电脑桌前，我们都应该庆幸能见证这样一个时刻。

刚刚过去的 9 个月里，IPO 审核除了节奏快得让人有些不好接受之外，否决率也高得让人有些不好接受。综合通过率只有 83%，应该算是历年的最低水平（后来发现，没有最低只有更低）。

所谓风险与机遇并存，IPO 审核加快的背景下，有些企业上市的时间周期被无限缩短了，有些企业则在最短的时间里拿到了最坏的结果。

除了高审核率和高否决率之外，这 9 个月我们还有一个非常直观和深刻的感受就是：企业利润规模越大上市的成功率就越高，如果一个企业的净利润足够高（我们就暂定一个小目标，净利润 1 个亿），那么上市基本上就是时间问题了。

* 特别说明：本文写于 2017 年 10 月。

【业绩高，成功概率也高】

净利润超过一个亿的企业，IPO 成功的概率不仅高很多，并且监管机构在很多问题上的判断也更加宽容。比如，在某些业绩规模高的 IPO 案例中，关于实际控制人变更问题、同业竞争问题、社保公积金的合规问题，甚至是一些经营模式和经营策略的变更等问题，都在尊重真实性和合理性两大原则的前提下，得到了尊重和理解，也通过了 IPO 的审核。

当然，净利润高的企业 IPO 成功率高的判断，我们作为专业人士是不能只靠感觉的，我们也有数据分析作为权威的依据。数据统计的结果表明：净利润低于 3000 万元的企业成功率只有不足 10%，而净利润超过一个亿的成功率超过 95%。

我们在统计 2017 年 1~9 月 53 家 IPO 被否企业的情况时发现：最后一年净利润超过 1 亿元被否决的企业只有 5 家，比例不超过 10%，其中部分企业的否决原因还存在很大的争议。

为什么我们今年对于业绩高的企业上市成功率高的感触会更加深刻呢？原因在于：（1）因为 IPO 审核的理念发生了很大的变化，现在的审核重点主要是关注企业的财务数据的真实性和合理性，以及通过这个基础来判断企业未来的持续盈利能力问题，所谓“上市就是上财务”越来越成为现实的情况。（2）最近这些年经济大环境和小环境都不是很好，企业的经营发展也存在很多的困难，2010 年以前净利润超过 5000 万元的企业还是很多的，而现在 IPO 的净利润超过 5000 万元的企业却变少了很多。如果考虑到通货膨胀的因素，现在净利润 3000 万元的企业业绩规模的确是小了些，也确实是不适合 IPO 上市。

我们从各个方面分析了净利润超过 1 个亿 IPO 审核成功率高的

问题，最后我们回到最初的话题，那就是：企业如果净利润超过1个亿，是不是IPO就妥了呢？

【IPO，还是少提“妥妥地”三个字】

我们要坚信利润越高上市越安全的基本判断，但是也不能过于迷信这样的判断。如果一个企业业绩规模很高，但是如果存在一些典型的问题没有解决好，那么IPO依旧存在很大的风险。这些问题包括：

1. 财务数据的真实性问题。企业的净利润规模尽管很高，但是如果在真实性方面存在一些疑问或者经不起核查，肯定是没法IPO的。

2. 财务数据的合理性问题。有些企业财务数据的真实性没问题，但是合理性存在问题，很多采购或者销售不符合基本的商业逻辑，比如偶然性的大客户大订单、突击确认收入、关联交易占比较大、主要财务指标与可比公司存在较大差异没有合理解释等。

3. 财务核查不到位不彻底。有些企业可能本质上不存在真实性和合理性问题，但是“通过核查自我证明不存在问题”在实操中却存在实质性的障碍，比如经销商核查比例、最终销售的核查、互联网销售的核查、特殊存货的盘点等问题。

4. 存在明显的合规性问题。这个问题也就是我们常说的上市的硬伤，如商业贿赂问题、股权纠纷问题、刑事犯罪问题等，这些问题都是直接跟相关法律法规挂钩的，如果公开存在这些问题，自然也就不符合发行条件了。

5. 可能存在的其他一些问题。比如，有的企业利润规模尽管还比较高，但是行业的下滑趋势已经非常明显，企业业绩也存在大幅下滑的风险。

最后，我们还要强调一点——发行人不论是通过审核还是没有通过审核，都是综合因素的考量和判断。虽然净利润越高审核风险越小，但是简单以业绩规模作为企业上市的标准并不合理。

此外，我们更要防止标题党的一些错误观点，不能一看见业绩规模小的企业过会了就说 IPO 审核门槛降低，一看到业绩规模大的企业没有通过审核就说 IPO 审核一下子变天了。不管怎样，IPO 审核的基本标准没有变化，IPO 审核的理念有调整但是根本也没有变化，我们还是要把握住 IPO 发行人的核心质地和盈利能力，不要轻易受到一些外部因素和观点的影响。

06 梦想中的IPO该是什么样子

放下手中一摞摞重重的工作底稿，合上电脑强迫自己暂时不要去看密密麻麻的问题，在初秋午后的暖阳中，迷迷糊糊地想了一个非常哲学的问题：我们希望看到的IPO到底应该是什么样子的？

1. 我们都在讲资本市场，核心在于“市场”，市场的核心在于交易和流通。在这个市场里，应该是货真价实、明码标价、童叟无欺，不应该将白菜说成“白粉”的价格，不能把萝卜说成是高端人参，更不能几个人串通在一起欺负善良的人。

2. IPO是企业直接融资最重要的一种方式。去银行借款是间接融资，既然是间接融资必然会有中间商赚差价，所以如果有机会就不如直接融资，不仅成本低而且还便利。

3. 企业有一个宏大的目标还有一个靠谱的计划，拿着计算器盘算了好多遍终于确定了一个需要融资的数目，然后带着自己的项目和自己的需求来到市场上叫卖。并且会承诺：我的项目有理有据有未来，如果你给我投资就会有一个非常好的回报。

4. 市场上一直在转悠的人都是火眼金睛久经沙场，这白菜是不是新鲜，这苹果是山东的还是河北的，尝一口就知道真假，看一眼就知道是否正宗。好的企业和项目会被视作宠儿价格自然是水涨船高，至于不靠谱的企业和项目，只能“呵呵”了。

5. 千万不要尝试在市场上卖假货忽悠人，一旦被广大群众发现了，那就永远没有在这个市场参与的机会了。别说你，就连小孩子在幼儿园都得受欺负。

6. 企业 IPO 时自己拍胸脯吹下的牛，就算是噙着血泪也要努力去完成。企业在融资之后也确实履行了自己的承诺，企业在 IPO 上了新的项目之后，发展到了一个新的台阶一个新的高度。

7. 企业的承诺如果实现不了，比如买回家的萝卜最后发现中间有个虫眼，一定要向投资者详细说明解释清楚原因是什么，为什么没有做到。要充分给予投资者追究责任挽回损失的机会，如果投资者想要退货，企业必须无条件接受。

8. 吃水不忘挖井人，企业发展好了不能忘记曾经无条件信任你的投资者，没有投资者就没有企业的今天。企业会积极将这些年的经营成果与广大投资者一起分享，并时不时召开酒会或者 party 一起交流开心一下。

9. 如果企业真的有一天经营不下去了，一定要分清原因界定责任，谁的责任谁都跑不了。如果是因为企业家的责任导致企业存在问题，那么一定要追究企业家责任，设立诚信污点甚至是追究刑事责任。如果因企业家过错对投资者造成了损失的，一定要穷尽一切方式让企业家赔偿投资者损失，必要时还要追究监管部门责任。

10. 不好的企业一定不能在市场上长期占着位子，一定要及时清理，给好的企业让出位置，让投资者有更多更好的投资选择机会。

胡乱想了这么多，梦该醒了，擦擦口水继续加班看材料，查底稿。

2 尽职调查，爱你不是两三天

01

投行 90% 以上的时间是在做尽职调查

你要问我一个 IPO 的周期到底会有多长，我都不知道该如何回答，只能说什么爱情马拉松长跑、什么十月怀胎都是超级弱爆了。有的 IPO 财务总监从孩子上初中一直做到大学毕业，有的 IPO 签字律师从大学毕业一直做到两个孩子出生，你们自己算算这得多久的时间。

小兵以前写过一篇文章，叫作《IPO 就是个磨人的小妖精》，IPO 真的是熬死人不偿命。写招股书很磨人吧，要一个字一个字地推敲和定稿。开合法合规证明很磨人吧，要一个部门一个部门地去跑，还要求爷爷告奶奶。开立项会和内核会很磨人吧，那些不了解项目情况的委员们，真不知道我要说多少遍他们才能懂我的心。

可是，如果上述这些事情要跟尽职调查比，那简直就不值得一提的毛毛雨。在小兵看来，一个 IPO 的项目周期有 90% 以上的时间都是在进行尽职调查。调查法律关系，也不能放过风土人情。核查财务数据，更不能忽略函证走访。我们不只是私家侦探，我们是以上帝的视角来审视这个问题，不能有任何死角，不能有任何疏漏，不能有任何隐瞒，更不能有任何欺骗。

不论是投资银行家还是投行小民工，谁都是从蘸着唾沫整理底稿开始的，如果你没有经历过这个过程，我都敢说你不是一个合格的投行从业人员。关于尽职调查，小兵在这里跟大家分享几个基本的观点：

1. 尽职调查是投行一切工作的基础，没有尽职调查就没有投行业务一说。我们做项目有一个基本的准则，就是公开提交的资料以及资料中任何一个结论和观点，都必须有明确的证据支撑，这里提到的依据其实就是我们尽职调查的一个过程和结果。如果没有尽职调查，任何项目都无法开展；没有审慎尽职的调查，那么项目就算是完成也可能是漏洞百出风险重重，最严重的风险可能就是信息披露的虚假记载、误导性陈述和重大遗漏。

2. 尽职调查需要面面俱到、不留死角，也要重点突出、目标明确。前面我们提到，尽职调查一定要全面，一定要覆盖需要核查问题的全部。同时，也需要根据不同的行业、不同的企业以及不同的经营模式，确定出尽职调查的重点和难点，这样调查才会有针对性，也更加有利于问题的解决。

3. 尽职调查工作一定要留痕，留痕的结果是工作底稿。这一条非常重要有时候又容易忽视，可以这么来说，没有留痕的尽职调查就完全等同于没有做尽职调查，不然你怎么证明你做了呢？从某种意义上来说，尽职调查是我们做 IPO 以后如果出了问题能够免责的唯一依据，而这个依据的切实的证据就是工作底稿。如果你做了很多工作但是在工作底稿里没有体现，那么对不起，只能说明你没做，你再觉得自己冤枉都没用。最典型的比如访谈，你说我当面或者电话访谈了某个人，可是你如果没有录音或者没有做记录，或者做了记录没有当事人的签字，就很难证明你做的访谈是合理的，甚至是不是做了都没法验证。

4. 尽职调查并非实习生就可胜任的鸡肋工作。很多人将尽职调查工作看作鸡肋，不做感觉心里不踏实，做吧，又觉得浪费时间且不创造效益。于是，实践中，很多情况下就算是做尽职调查也都是安排一些毫无经验的实习生或者新人来操作。当然，一些辅助性的、跑腿性质的工作可以由这些人员来参与辅助，但是核心的调查工作还是需要由项目的实际负责人来全程参与并且把握重点和风险，要不然无法发现项目的问题，问题不能解决，那么风险也就无法排除。

5. 尽职调查要以充分了解企业为前置要求，最终目标是发现问题并解决问题。我们做尽职调查一般都会有一个非常全面的模板，有时候我们就会特别依赖这个模板，或者是因为懒惰而依赖这个模板。不论是什么领域什么模式什么类型的企业，我们给企业丢过去一大堆的模板问题就不管了，这显然是最低级最无效率的调查方式。尽职调查要做好，前提是我们先要了解企业的基本情况，这样才能做到有的放矢，调查才会有针对性，自然也会更加有效率。每个行业以及每个企业不同，那么尽职调查的侧重点自然也不同。同样，没有调查就不能发现问题，发现不了问题也就没法解决问题，不解决问题自然也就没法消除任何的项目的风险隐患。

6. 尽职调查要做好资料交接和底稿整理。尽职调查工作随时处处都需要留痕，那么就需要很多资料的收集工作，为了避免一些误会和冲突，需要做好资料的交接和整理工作。要不然就可能存在有的人说资料已经提交了，而有的人根本就没有收到资料，最后搞不清楚到底谁对谁错的问题。因此，建议对工作底稿的交接也要做好台账，以备核查。

7. 尽职调查切忌"拉抽屉"。尽职调查工作是一个需要提前筹划、制订好明确的工作计划的工作。所谓"磨刀不误砍柴工"，尽职调查切不可走一步算一步，更不能查到哪里算哪里。对于企业来说，最反感的尽职调查的毛病或者失误就是“拉抽屉”。这是形象的说法，其实就是对于同一个问题核查一遍之后觉得遗漏了什么或者哪里不满意，然后再进行一遍核查，这不仅体现出我们中介的不专业，也同时会在很大程度上损害合作关系。如何做到不拉抽屉，至少要求我们尽职调查之前要把准备工作做到位，此外，还要求我们专业、用心。

8. 尽职调查魔鬼来自于细节，来不得半点马虎和侥幸。尽职调查是一个非常耗费精力和脑力的体力活，同时也是一个要求非常细致全面的工作。有时候我们不能自己安慰自己觉得已经做了足够的核查工作，就可以对某些问题不再核查或者选择性忽略，可能某些风险点就隐含在你忽略的内容中。当然，我们也强调尽职调查需要有重点，也要求在满足一定核查比例（如 50%、70%）时符合核查要求，这与我们注重细节的观点并不冲突。

9. 尽职调查做好阶段性整理工作。尽职调查是一个漫长持续性的工作，为了保证尽职调查的效果和效率，需要阶段性对尽职调查工作的成果进行总结和整理。一方面对前面的工作查漏补缺，另一方面也是为了更好地推进后续的尽职调查工作，如果一味地不总结只核查，有时候可能都会偏离了方向影响了效果。

10. 让企业做选择题和判断题，而不是填空题和简答题。企业是经营的思维，而中介机构是核查的思维，实践中这两种思维有着天大的差异。在尽职调查中，如果需要企业的配合，那么企业的表现基本上就是初学者的水平。这时候，如果你让企业对尽职调查的问题进行详细的描述，要不是思路不对就是逻辑会有问题，这时候就需要中介机构的引导。在这个过程中，需要项目组对相关问题进行无限切分，将一些大的问题切分成无限个小问题，然后让企业回答对或者错，是还是不是，事实证明这可能才是最有效的尽职调查方式。

11. 注意协调沟通，避免重复劳动。一个项目组并不是由单一的人以及单一的机构组成的，而是由不同的机构组成的，而不同的机构又有着不同的分工。那么，在尽职调查过程中需要与其他机构和人员做好分工并且随时沟通，以免同一个问题做了重复的核查，而有些问题又都没有进行核查。我们都说投行人员要具备很高的团队合作的能力，那么，小兵觉得在这个方面就会体现得非常明显。

12. 尽职调查不等于财务核查。尽职调查目前主要是关注财务核查的广度和深度，关注财务数据的真实性和合理性。但是，更不要忽略法律问题，因为法律问题一旦出现问题那就不是合规性那么简单，很可能是不合法的问题。法律问题如果严重，可能会直接导致 IPO 根本无法进行的问题，甚至还涉及是否要承担责任以及承担什么责任的问题。

13. 当企业人员提供资料供你甄别时，一定要体现你的判断性。当企业拿着一摞的资料供你选择时，很多人根本就不会去看更不会去判断，为了保险起见都会要求企业全部复印了吧。要知道，企业的纸张要花钱的，复印的小姑娘也会很不开心，并且不加甄别往往就会出现问题淹没在浩繁的工作底稿中，想发现也发现不了，更别说解决问题。

14. 尽职调查既是脑力劳动也是体力劳动。虽然我们前面说了尽职调查需要有缜密的思维和逻辑，但是尽职调查是个体力活也是不争的事实，不然我们也不自称“金融民工”了。可能每一个投行的新人都是从蘸着唾沫端着打孔器开始投行生涯的。可以这么说，尽职调查是任何一个投行工作人员的必不可少的成长礼。

02 没有工作底稿，所有的尽职调查工作等于没做

我们做项目都有一个很大的毛病，就是“重资料、轻底稿”，也就是需要申报提交的资料都会非常审慎处理，做到精益求精，而对于只需要备查的工作底稿有时候就做得比较潦草。当然，也可能是另外一个原因，就是因为在正式文件资料上耗费的精力太多，也就没了富余的精力去管工作底稿的事情。

殊不知，工作底稿是我们做项目尽职调查工作的全部体现，不仅是我们做申报资料的最核心也是唯一依据，更是我们自我证明勤勉尽责并得以免责的重要法宝。因此，工作底稿必须要在工作中加以重视，而不能抱着侥幸心理去应付，尤其是在目前审核重压政策且逐步成为常态的情况下。

1. 工作底稿重在留痕。工作底稿是我们尽职调查工作全面且最终的反映，因而工作底稿必须体现出我们工作的全部内容，切记不能只干活而不保留证据。反过来说，如果以后出现问题，没有证据只能被认定是没有干。以关联方和关联交易的工作底稿为例，我们更愿意将已经核查到的关联方的工商资料以及相关声明作为工作底稿，却忽略了我们如何核查关联方、如何全面核查保证不遗漏关联

方的核查过程作为工作底稿备查，如果以后发现问题我们就无法免责。

2. 工作底稿需要复核。需要明确一个基本的观点，工作底稿是项目组的工作底稿，不是发行人的工作底稿。工作底稿不是发行人提供之后我们闭着眼睛打个孔装订一下就大功告成了，我们需要复核发行人提供的资料是否合理，我们是否能够从发行人提供的资料中发现一些可疑的问题或者线索。在现场核查中，有时候我们询问工作底稿中的一些问题，项目组的反映竟然是一脸茫然根本就不知道是什么意思,这就说明项目组没有对工作底稿进行详细的复核和检查。

3. 工作底稿建立目录。随着核查的要求越来越宽泛越来越深入，工作底稿的数量已经远远超出我们的想象，现在有的复杂的项目工作底稿竟然已经超过 1000 册。在如此浩繁的底稿中，如果不能建立一个清晰的工作底稿目录备查，那么，以后在进行抽查的时候，很可能无法及时找到资料。

4. 工作底稿的体系性。我们有了工作底稿目录之后，还不能万事大吉，这只是万里长征走了第一步，更重要的是我们要保证工作底稿具体内容的体系性和明确性。说得再简单一些，就是每一个工作底稿目录或者子目录下面的具体内容是唯一对应的且不是混同的，不能把同业竞争的资料放到关联交易中，也不能将历史沿革资料放到业务技术中。为了保证工作底稿更加具体明确，小兵建议建立相对更加详细和细分的工作底稿目录，以应对目前底稿比较多的情况。

5. 工作底稿指示索引。既然工作底稿是申报资料制作的唯一依据，那么工作底稿就应该与正式文件中的结论有着自然的直接的一种连接关系，也就是我们常说的“没有依据的话一句都不能在申报资料里说”。建立工作底稿索引的工作以前有要求，现在又逐渐被忽略，当然我们也承认工作底稿索引是一个非常细致工作量也非常大的一个工作，不过如果做得好的确可以证明我们尽职调查的到位。

6. 工作底稿互相印证。这一点，在财务部分的工作底稿中体现得非常明显。我们所适用的会计准则是一个严密的体系，根据准则整理出来的财务数据和相关资料也应该是逻辑紧密相互印证的，不然就失去了财务审计的初衷，也失去了尽职调查的效果。在财务核查工作中，比较典型的如“三大循环、四大测试”、银行流水与财务数据的印证、存货盘点与财务数据的印证等都有着逻辑性，如果逻辑性存在问题或者证据链条存在不能自我封闭的情形，那么就需要详细关注并做好核查了。

7. 工作底稿就简去繁。工作底稿并不是越多越好，也并不是工作底稿越多就越证明我们工作量越多，在一定程度上也不一定就能帮助我们免责，工作底稿还是要讲究“简洁性、针对性和有效性”。这一点小兵在尽职调查基本原则中已经提到了，比如，工作底稿的大部头如工商资料、内控制度、三会制度、商务合同等，都可以在必要条件下选择针对性资料留存，而不一定是全部的资料。

8. 工作底稿低级错误。小兵一直在讲，申报资料中的一个错别字可能会让人推翻你在整个项目中的努力和形象。同样，工作底稿的一些低级错误也可能会让你的很多努力变成泡影，比如，打孔打反了、资料放反了、资料放重复了、资料缺页了、资料复印的什么都看不清楚等。

9. 整理工作底稿既是体力活也是脑力活。很多人以为整理工作底稿就是将一摞一摞的文件抱来抱去，然后打孔装订摆好就可以了。于是我们喜欢将工作底稿整理的工作交给毫无经验的实习生，而实习生也是一脸嫌弃地接受但又有点无可奈何，觉得整理工作底稿跟端茶倒水一个性质本来想实习来学习真本事的想不到还是要干这些琐事。小兵认为，工作底稿的复核需要有经验的人来进行，以保证能够发现问题。实习生也应该正确看待工作底稿的整理问题，或许你不能帮助发现更多问题，但是你可以自我学习到很多知识和技能。比如：土地房产证书的分类、什么时候需要验资报告什么时候不需要、三会决议的基本内容和格式、股权转让的要件等。

10. 工作底稿不是比谁的整齐谁的漂亮，而是谁对问题理解的清楚。工作底稿形式很重要，这是体现你工作态度的基础，如打孔也打齐、不能存在错页或者遗漏的情况、目录要编写完整等。但是除了形式之外，工作底稿更关注实质内容，工作底稿最终要体现你对企业的了解，你对问题的了解以及解决的思路和措施，这一点显得更加重要。

11. 在目前 IPO 申请材料受理即披露的情况下，工作底稿已经没有了后补的机会。以前我们总是有一个习惯或者毛病，那就是重申报材料轻底稿，总是想着先赶时间把材料报上去，工作底稿等有时间了再慢慢补充完毕。在目前的情况下，如果工作底稿不完备就可能导致调查不完善，实践中就存在申报材料提交之后发现关联方核查不到位的情况，而这时候材料已经挂网披露了，因而给 IPO 带来很大的风险甚至要终止。此外，现在 IPO 审核过程中监管机构可能会随时启动现场核查程序，这种情况下也根本就没有了后补工作底稿的机会。

12. 工作底稿很重要！很重要！很重要！工作底稿确实很重要，不论是为了成就自己还是保护自己，重要的事情说第三遍。尽管大家都知道工作底稿很重要，但是在实践中急功近利为了赶项目进度而被动忽略或主动轻视工作底稿的事情还是非常常见的，这需要我们进一步的重视。

03 以行业调查为例说一说尽职调查的基本思路和具体方法

【调查的基本要求】

1. 准备阶段：通过网络查找相关新闻报道、研究报告、论文等，了解行业、企业、老板情况；列出疑问清单，以备继续调查。

2. 实施阶段：进场后通过访谈，后续研究报告和杂志，现场调查、聊天等手段找答案，求证疑问，发现问题，挖掘亮点并找依据，最终形成对项目行业方面的判断。

3. 整体要求：各种手段贯穿整个尽调过程。争取对一两个行业的技术和发展有比较深刻的认识。平时要多看，多思考，建议做一个行业，提前看一本该行业的专业书籍，有利于沟通，如果该行业有执业资质考试，其最初级的教科书就很适合。

行业方面尽职调查的重点，个人认为主要为发现问题和挖掘亮点。 此处所说的问题指障碍、风险、劣势，主要包括：造假、盈利模式不佳、核心技术缺乏、行业风险高、持续增长难、市场空间小等。

亮点不必太多，但要到位。亮点一般都是企业经营中积累出来的，一般能在公司的历史、现实、未来的发展之路中体现出来，即说明是“因为能干所以幸运”，揭示企业成功的原因，使人确信其未来良好的发展。从企业上市申报材料的角度来讲，建议每个项目都能用几句话总结出其发展路线图，放在招股书的概览里 。

【网络调查】

1. 通过公司网页了解其最基本情况，这个一般大家都能做到。值得注意的是，看公司网页主要是看一些可能存在问题的方面，而不用过多地去看企业宣传的好的方面，因为这样的内容通常很难带给你实质性的信息。比如可以通过一些奖惩通知、员工活动、重大事件等来判断企业经营过程中是否存在瑕疵。

2. 通过介绍企业老板的文章，了解企业的历史，看是否存在知识产权方面的问题（老板是不是教授或者是不是研究院员出身等）；同时老板的出身对于一个企业的经营风格有着重大的影响。老板的出身或者专业层次会直接影响到企业的发展风格，对于民营企业来说更是如此。如果老板创业以前是学者，那么需要关注企业的知识产权是哪里来的，是否存在权属不明或者纠纷；还要关注企业的人事关系是否存在不独立的情形。如果老板以前是销售出身，那么需要关注企业的研发人员以及研发人员是否稳定，公司的销售策略是否稳健、是否存在不规范甚至违规的情形。如果老板是资本市场出身，那么还需要重点关注老板是否为了资本运作而作出风险较大的操作。

3. 公司相关的诉讼，有些可以通过新闻媒体知晓，有些则需要通过公检法系统进行查询。公司诉讼多了，在一定程度上或许说明公司不厚道，甚至不诚信，公司被举报的风险增大。比如，某个企业报告期内与供应商和客户均存在多起的纠纷或诉讼，那么这家企业以后审核过程中存在纠纷甚至举报的风险就会很大。

4. 公司的相关新闻，特别是丑闻。这个获得渠道除了老板坦白交代之外，就需要我们自己通过互联网进行搜索。以前很多人并没有关注到这个问题的重要性，而事实证明这些报道很可能为我们的调查提供一些重要的线索。

5. 公司所在地的论坛和行业论坛。一般情况下，拟上市公司的老板和产品都会在各地和各行业论坛中涉及，不过要注意其中一些言论或者介绍的片面性甚至误导性，要注意甄别并且要以证据作为判断的核心依据，不要轻易下结论。

6. 通过下载的文章、报告，了解和持续掌握行业和公司情况。这个途径也是很多的，如一些行业的报告、一些网络文章、毕业论文甚至是万方数据库中一些公开发表的文章，都可以作为我们研究行业的一个素材。

【访谈调查】

1. 老板。除了关注老板的专业能力之外，更重要的是关注老板的人品、诚信和做企业的境界，现实中很多项目就是因为老板本身的不诚信或者隐瞒而最后不了了之。从另一个角度讲，如果老板就想跟你躲猫猫向你隐瞒什么，那么发行人有多少坑作为中介机构就只能是跳多少坑，甄别甚至反抗的机会微乎其微。所以老板的学历、性格、普通话水平等都是次要的，关键是对要做的事情以及与中介机构的工作有明确的认识并且也能够与大家一起努力完成相关工作。

2. 中高层干部。中高层干部可以帮助我们从不同的角度对企业进行了解，并且这种了解会更加具体也更加真实。那么对这些对象的访谈设定的目标也要相对明确具体，要从他们那里真正得到你所需要的信息，主要体现在行业发展、市场空间、竞争优势、后续新产品开发情况以及通过网络产生的疑问等。

3. 上游供应商。除了关注采购合同的真实性之外，还要关注公司的信用政策、是否存在供应商依赖，发行人在采购上是否具有自主权和决定权，是否为发行人关联方等。从目前市场环境来看，除特别情况外，只存在不好卖的产品不存在买不到的原材料，所以在访谈供应商时一般会比较顺利，得到的回复一般也会比较正面。这种情况下，更需要从一片大好的形势下关注交易是否真实合理，供应商是否会在发行人的压力下配合发行人做一些处理。

4. 下游客户。如果说供应商一般都会说好话的话，那么客户就不一定了，从另外一个角度来讲，客户访谈的结果更能反映发行人的市场地位和谈判能力。如果客户访谈非常不配合甚至根本就不接见，除了大国企很牛或者做了亏心事不敢见之外，那么很可能就是发行人在下游客户的地位不高。如果客户访谈很配合对于发行人的评价非常正面，那么且不说客户是否会依赖发行人至少可以说明双方的合作是互赢的或相互依存的，不存在谁依赖谁、谁求着谁的问题。此外，通过客户也更能判断发行人的定价能力、市场地位、产品质量、是否存在关联方、是否存在纠纷等；对于大额合同，还需要关注合同的真实性和合理性，是否存在业绩造假的可能。

5. 同行竞争对手。这样的对象不举报你、不给你背后打黑枪就不错了，还要去理性地进行访谈和判断几乎是不可能的。直接的不行，倒是可以来些间接的，如关注竞争对手的宣传资料、一些访谈或者公开资料、招投标文件或者项目建议书等，从侧面判断同行业对发行人的一些评价。

6. 行业专家。如果有条件，找一些行业的专家教授了解一下行业的基本情况以及发行人的行业地位等，这其中更要关注行业协会的一些领导或者工作人员。关注的重点主要在于：产业链、盈利模式、核心技术、发展趋势、市场规模等。不过值得注意的是，如果是发行人安排的专家访谈，其独立性和真实性就要大打折扣了，有些资料可以采纳，但是需要自己的独立判断。

7. 其他的一些渠道。比如，自己公司的研究员，其他做过类似项目的朋友等。

需要特别说明的是，访谈应该是尽职调查非常重要的一种方式，也是最需要讲究方式方法的一种方式，方法的不同最后的访谈效果可能会差十万八千里。个人认为，切忌访谈中对着问题一个一个问、一句话一句话记录的访谈，那样会导致访谈对象非常紧张也放不开，信息量会非常少。访谈应该类似于聊天，只是比聊天目的性和逻辑性要强，访谈人要在访谈之前做好准备工作，把需要问的问题以及自己希望得到的结果进行仔细整合并做到融会贯通，做到提问的问题看似不轻易间提出实际上是经过了精心的准备，这样往往可能会有意想不到的收获。当然，要做到这一点，除了前期做好准备工作之外，丰富的项目经验和良好的沟通能力也是必不可少的重要素养。

【文字材料】

这部分内容的调查工作很多可能会与第一点和第二点的内容是重复的，这里主要涉及以下几个方面：

1. 行业论文和综述。这个在网络查询里也提到，一定要多看，作为一个行业的新人，只有通过多看这种最笨的方式，才能逐渐对这个行业有所了解，才能慢慢形成自己的对行业以及发行人的独立判断，而不是人云亦云。

2. 行业研究报告。这个可以通过自己公司的研究院或者从互联网上下载，具体审阅的原则就不再赘述，注意一些研究报告具有特殊目的性从而可能会失去客观性，需要注意甄别。

3. 行业杂志或者公司发行的报刊等。这个不再多说。

4. 公司所报各种奖励的申请文件。需要注意的是，这里的文字材料不是最后取得的证书，而是证书申请过程中的过程资料，除了可以验证发行人专利的合规性之外，更能帮助我们这些外行人了解公司的技术水平和优势。不过，在进行专利申报的时候，发行人往往在代理机构的引导下进行夸大性的叙述和宣传，这时要注意判断其真实的情况是怎样的，一些结论是否能够公开披露。

【聊天】

如同把访谈进行得更加灵活和活跃会有更好的效果一样，聊天作为更加灵活也更加发散的一种“访谈”，有时候效果也是意想不到的。作为一名优秀的中介机构从业者，个人认为理应将聊天作为一种重要的尽调手段。尤其对于保荐机构项目组人员来说，一个项目少则半年多则几年，与发行人以及发行人所在区域的人员朝夕相处接触的时间非常多，那么充分利用聊天这种非正常的渠道，可以获得一些佐证的信息或者一些核查的线索。

聊天的对象没有任何限制，前述的访谈对象都可以进行。除此之外，还有以下对象可以考虑：

1. 公司的最基层人员，如公司的保安、食堂师傅、接送司机、打扫卫生阿姨、前台等。这些人员工作在发行人的最基层，或许获取的信息不机密也不高端，但是他们视野关注的问题对于我们也很重要。比如，在去机场的时候，跟司机聊聊工资水平、社保待遇、对上市的期待等，甚至有时候他们高兴了也很喜欢对公司老板或者高管做出自己的评价。

2. 当地生活圈的人员，如当地的出租车司机、理发员、餐馆小老板等。尤其是公司在小地方的，公司信息相对更加更容易为外部人所知。小兵就有一次在逛公园的时候跟一位锻炼的大爷聊天，结果聊着聊着聊出了发行人的一个关联方，尽管最后证明是虚惊一场，不过还是很好地提供了一个核查的线索并做好了充分的准备工作。

3. 其他可能的人员。比如，某些渠道我们还可能接触到从发行人离职的员工，他们的观点可能会有一些新意；比如，供应商的供货司机或者客户的拉货司机等，都有可能对我们的尽调工作提供一些信息。

【现场调查】

所谓“耳听为虚眼见为实”“百闻不如一见”，老话早就告诉我们，不论我们的网络检索做得多么好，我们的访谈做得多么扎实，可能都不如你亲自去看看来得更加真实和准确。从这个角度来讲，现场调查理应是非常重要和关键的一种调查手段。不过实务中很遗憾的是，这个调查手段并没有得到充分的重视，这个也好理解，毕竟坐在空调房里看看资料上上网要比风吹日晒雨淋地满世界跑要舒服太多了。不过随着财务核查以及后续核查工作的进一步深入，中介机构多跑跑腿多晒晒太阳显然已经成为必要和必然。

1. 外地分子公司。这个应该没有什么商量的余地，有多少家子公司、分公司都应该亲自去看一遍，先不说关注管理能力、销售半径，扩张太快是否有风险，起码你要了解这家公司是否真实存在，账上的设备资产都不是虚构出来的吧？

2. 生产车间。多去几次，并且用心去看。关注公司产品的生产流程以及核心技术的应用、设备是否正常运转、车床型号所代表的生产技术水平是否先进、现场管理制度是否完备、工人的工作状态和积极性是否高涨、生产销售旺季设备是否满负荷运作、前来拉货的车是否川流不息甚至要排队等。

3. 原料成品仓库。主要关注存货管理是否规范、存货规模是否账实一致，可以根据成品批号的更新判断销售情况。项目过程中一定要重视存货的盘点工作。

4. 其他的一些方面。厕所是否卫生，可以看出企业的管理水平和员工素质，很难想象一家厕所脏乱的企业内部控制和日常管理能够规范到位。消防器材是否完善整齐，这一来关注企业是否严格执行国家相关政策，另外也体现了企业的管理水平。此外，公司迎来送往的车队管理，这里倒不是吹毛求疵，公司车队的水平一来反映管理水平，二来也会体现公司的盈利状况。除了老板及其节约的特例之外，一家只有一辆桑塔纳 2000 迎来送往的企业的盈利水平是要大打折扣的。

【小结】

尽调工作事无巨细，不论你做得多么详细应该都不过分，也一定不会吃亏，因为只有你尽调工作做得详细，你对企业以及项目的判断才不会出现重大偏差，才不会白白浪费时间，甚至造成不可挽回的损失。

尽职调查是个持续发现、整理、更新、再发现的过程。尽调要通过各种手段，不断完善细节，不断释疑定性，挖掘亮点，完成定性分析。同时，注意和财务数据的匹配，尽可能地定量分析。最后，经过全部的尽调和判断，然后形成自己核心的观点，可以体现在申报材料中。

04 如何撰写尽调清单和会议纪要

【撰写尽职调查清单】

在IPO尽职调查过程中，我们经常会遇到一个这样的问题，发送给企业一个超级大而全的尽职调查清单后，企业的经办人员会感觉到无从下手，然后询问我们能否把尽职调查简化一下，或者询问我们清单里这个该怎么提供，那个该怎么提供？而且，作为一个新人，可能连我们自己都不知道该怎么提供这些清单的内容，最后把自己给弄晕了，降低了尽调效率。

1. 撰写前，查阅企业公开资料或已提供的相关资料，了解企业，有的放矢，基于不同的尽调目的，简化尽调清单。

2. 我们自己要了解尽调清单的每一条要提供什么样的材料，是用于了解企业哪些方面的。

3. 分批次、分难易程度逐步提供尽职调查清单，而不是一次性全部提交。

4. 要及时将已经提供资料的清单中涉及的问题作出标注，以免出现重复提供资料的情形。

5. 尽职调查清单保证逻辑严密、条理清晰，不存在歧义或者争议的情形，保证尽职调查清单的每一条内容都能够让使用者很容易的明白。

6. 尽量将问题进行细化和分解，尽量让尽职调查清单的使用者做判断题，而不是选择题。

【收集和整理底稿】

1. 如何及时收集底稿

（1）在尽职调查清单发送时，应根据清单内容，预计企业提供的时间，并在邮件中明确提供清单的截止时间。

（2）发送邮件后，再及时和企业的相关负责人员电话沟通，并根据沟通情况，调整时间预期。

（3）若企业有必要，可现场开会，逐条解释尽调清单的内容，以及该如何提供。

（4）及时跟踪提供的进度，每周至少两次催促，必要时可多次。

（5）工作底稿交接时，应该注明交接的人员和时间，并由双方签字确认，以免在工作底稿丢失或存在问题时有扯皮的情况。

2. 如何整理底稿

（1）在尽可能短的时间内，可以让质控部人员或项目组负责人找到想要看的任何一个问题所涉及的纸质底稿或电子底稿。

（2）主要做好以下工作：做好底稿的电子目录设计；做好目录和底稿的索引；做好纸质底稿和电子底稿的衔接；纸质底稿内容

的标签化。

（3）要及时将跟项目没有关系的底稿，或者重复提供的底稿进行清理，而不是全部不加区分的装订成册，有时候舍弃比寻找更加重要。

【设计各种访谈提纲】

在 IPO 过程中，我们经常会需要对企业股东、董监高、客户、供应商、关联方等进行现场或电话访谈。访谈，是一种非常重要的尽职调查手段，访谈提纲的设计就显得尤为重要了。

1. 我们需要根据尽调准则，针对不同的访谈对象，设计不同的重点了解的问题。

2. 访谈提纲所涉及的问题，应尽量简短，有些可能需要设计较多的是非题，如客户、供应商的访谈。

3. 在访谈前，尽量要对访谈对象的基本情况要有所了解，不打无准备的仗，如在对客户、供应商访谈之前，要查阅客户、供应商的公开信息，与发行人之间的交易情况。

4. 在客户和供应商访谈过程中，可以根据前期访谈的情况，进一步修正访谈提纲。

5. 访谈提纲设计必要时要根据不同客户或供应商的特性进行一定的调整和策划，有时候访谈对象可能会对某些问题很敏感甚至反感，那么就需要设计问题时更加灵活一些。

【撰写会议议题和纪要】

在IPO过程中，中介协调会是非常重要的，有助于推动各种问题的解决，我们常常把它定义为IPO项目中的“最高权力机关”。

1. 在撰写议题之前，我们自己要弄清楚每一个拟在中介协调会上讨论的问题的背景，可能涉及的风险点，初步的解决措施，避免尚未明确或尚未调查清楚的问题在会上讨论。

2. 就重大问题，如涉及其他中介机构需要发表意见的，要事先与其沟通，了解他们对该问题的看法和态度，并明确在会议议题中提请相关中介机构发表意见。

3. 要将撰写好的会议议题，提前3~5天左右发送给企业及各中介机构，让他们提前查阅并准备。

4. 及时记录中介协调会上各方对问题的看法、达成的一致意见，待解决的问题、相关责任方和责任人、解决时间等，并将整理好的中介协调会会议纪要经项目负责人审阅后及时发送给相关方。

5. 会议议题和纪要的格式一定要美观，清晰明了；发邮件前，反复检查会议纪要内容是否有误。

6. 会议纪要是非常重要的尽职调查工作依据，要注意留痕保存，并积极跟踪和落实好待解决事项。

【关于其他方面】

1. 在项目早期阶段，尽可能建立好券商在IPO过程中的主导地位，与客户和其他中介机构形成合力。

2. 真诚地对待客户、合作的中介，少一点埋怨、多一点理解。

3. 与客户、其他中介发生分歧时，若是重大事情，要坚持原则，尽量说服客户和其他中介，让客户充分理解一切为他着想；若是非重大问题，在控制风险的前提下，可以寻求平衡点。

4. 在与客户、其他中介机构经办人员沟通过程中，要自信，不卑不亢，谦虚谨慎，不用“害怕”自己说错了话。

5. 学会与客户相关经办人员“聊天”，关注他们的需求和想法，在老板面前，尽量帮他们“说话”，尤其是空降的董秘和财务总监，要有意识地让他们意识到我们是支持他的，并积极帮助他迅速适应新的环境。

6. 对于在合作过程中，若有其他中介“撂挑子”、拖延时间、项目现场负责人能力有限甚至有道德问题的，要找准时机向客户投诉，严重的情况，提请客户更换相关机构。

7. 尽职调查贯穿 IPO 的全过程，从承揽、到承做、再到审核过程中，以及过会后，任何时候都不得“麻痹大意”或“糊弄”。

8. 我们写的每一句话、说的每一句话，都要有根有据，这是尽职调查工作最核心的目标和意义。

3 财务核查，我闭上眼睛就是天黑

01 IPO财务核查的主要方式和关注要点

【财务总监最辛苦】

上市成功那一刻，哭得最伤心的总是财务总监，有高兴，有开心，更有委屈。

以前我们就说“上市就是上财务”，审计报告的质量在很大程度上决定了IPO的结果。而现在，在财务核查如此严苛的情况下，财务总监自然任务更重，责任更大。从IPO决定开始的那一刻起，财务总监以及财务部就开始了没日没夜的岁月。有一个项目，从券商进场没过1个月，财务部从8个人就只剩下3个人。

财务总监去跟老板解释，要求增加人手。老板总是不以为然：“你们能增加销售额还是能降低采购价格，或者能开发出新产品改进新流程也可以，都不行是吧，那你们财务部有什么理由要加人？”

“我们财务部是企业的中枢和大脑，企业生产经营相关的全部信息都要在财务部留痕和汇总分析，上市过程中财务部要负责与各家中介协调，保证财务数据的真实和准确……老板，你能不能先把手机放下听我说一句？就听一句也行啊。”

【现场检查什么鬼？】

不论对于 IPO 发行人还是对于中介机构，现场检查都是一件很吓人的事情，到底有多吓人好像怎么说都不为过。有的发行人一听见现场检查第二天就撤回来申请材料，有的发行人经过现场检查检查出一堆问题最终的 IPO 结果也不理想，有的中介机构为了应付现场检查通宵达旦整整准备了半年的时间。鬼才知道，这半年大伙是怎么度过的。

因而，对于 IPO 的所有相关人员来说，对于现场检查都是抗拒的甚至是绝望的，至于说有的企业为了证明自己的清白主动申请现场检查的，更多是一种玩笑和无奈。实践中的确有的农业企业为了向监管机构证明其实农业企业也有财务规范的企业，打消对农业企业的偏见，愿意让监管机构现场检查，不过谁也不能保证就一定检查不出问题。

所谓现场检查，打个不太恰当的比喻：以前中介机构的检查是你穿着衣服项目组拿着仪器像模像样地扫来扫去，尽管可能要扫很多次，不过你要想隐瞒点什么事情就那些破铜烂铁也奈何不得。如果是监管机构现场检查，那就是要把你全身扒光了，还要把你从小到大所有记录都拿来看，不只看你的还看你家亲戚的，就问你怕不怕。

什么样的 IPO 发行人才会成为倒霉蛋不得不接受现场检查的悲惨命运呢，最主要的情况就是我们所熟知的抽签，每个月找个大圆盘抽出十家企业接受现场检查。此外，审核人员审核过程中也会根据自己的判断随时将一些企业认定为现场检查对象，同时其他一些情形也会触发现场检查的程序。

对于抽签的来说，一般都采取交叉检查的方式，由异地证监局派人然后再抽调一些资深的会计师一起核查，核查人员怎么也要十几个人了，队伍还是比较庞大的。至于其他情形的现场检查，那么也有可能是证监会的稽查人员或者交易所人员直接去现场进行检查。

为什么我们把现场检查和现场财务核查往往会混为一谈，原因不过就是在于现场检查确实主要就是检查财务内容，一般会有六七个小组，其中只有一个小组是负责综合问题检查的，而其他小组会根据收入、成本、资产等科目分类，对 IPO 发行人进行全面的财务核查。

现场检查需要几周的时间，这段时间里项目组主要成员应该随时待命，随时接受检查组相关问题的问询，同时检查组也会根据自己的需要去独立进行银行流水的核查，以及上下游的走访等核心的调查程序。

现场检查以前是作为 IPO 审核的辅助手段，只是偶尔采用。从目前的审核要求来看，以后的现场核查可能会成为 IPO 审核的常规手段，以后的 IPO 审核可能就是书面审核和现场检查两种方式交叉配合使用。这对于 IPO 来说，是一种理念的根本转变，对于参与从业人员来说也是一个很大的挑战。

【财务调查的主要内容】

财务核查的最终目标就是要证明发行人财务数据的真实性和合理性，而财务核查的主要内容不过就是将跟财务数据相关的因素进行详细的拆分，然后逐一进行核查对照，从而保证最终结果是正确的。说白了，审计报告的数据是发行人生产经营的最终结果，而财务核查就是要对实现这个结果的整个结果进行全方位的核查。

关于如何对财务核查的体系进行拆分，这个做过审计工作的应该都是很熟悉，基本上都是根据具体的科目进行核查，同时要对财务资料、银行流水、相关合同等主要财务证据资料进行核对，保证账实相符。说的直接一些，财务核查就是要证明：发行人不仅是挣钱的，而且挣的钱都是真实的，并且可以值得相信的。

当然，财务核查很重要，不过财务核查并不是尽职调查的全部，很多综合的法律性问题自然也是我们调查过程中不应该忽略的内容。说实话，最终要对机构和个人进行处罚的时候，根据和依据都是法律内容。法律内容包括：股份代持、股权转让、国有资产量化、诉讼和仲裁、行政处罚、债权债务、刑事处罚、行业资质、客户来源……

【财务核查的主要方法及关注问题】

小兵这里也主要是给大家总结了几种比较重要的财务核查的方式，但是这些方式肯定不是全部的手段，我们实践中可以根据不同项目的具体情况，设计和采用不同的调查方式。总而言之一句话，不论是什么方式，只要能帮助调查就是好的方式。

1. 函证：最常见的一种调查方式，是会计师最重要也是最有效的一种调查方式。目前基本上都会券商和会计师一起发函证，然后分开回收函证。这里一定要注意：

（1）函证回收一定要回收到各自的机构地址，不能回到一个地址，更不能回到发行人地址，甚至有的还是销售员帮着将函证带到客户那里然后再统一带回来。

（2）关注函证的每一个细节，包括回函的地址和时间，实践中甚至出现过不同的客户采用同一个快递回函的情形。

（3）关注回函差异的具体情况，实践中存在只关注回函率而不对回函进行详细分析的情形，对于回函有差异的一定要详细分析原因以及合理性，并且对差异要与对方进行二次确认。

（4）目前实践中对于函证的发函率一般都要求很高，如果没有特殊的障碍一般都是全部发函的，回函率一般也是越高越好，一般也不得低于 70%。

（5）对于境外的供应商或者客户，很可能会存在对方不配合函证的情况，这种情况下采取合同对照、现场走访、对账单核对等替代程序进行弥补。

（6）函证在程序上一定要保留好快递单据，这是函证非常重要的一环，不然函证到底是中介机构独立发的还是员工带过来的抑或天上掉下来的，就没法说清楚了。

2. 访谈：最笨拙也是最有效的核查方式，没有功劳也有苦劳。这里主要关注的要点包括：

（1）访谈的范围很广，有对主管部门的访谈，也有对银行以及其他金融机构的访谈，甚至有对某些特定人员（比如前员工、股东、高管等）的访谈。当然，实践中我们提到的最多的访谈都是指对供应商和客户的访谈，因为这个访谈工作量最大。

（2）访谈的方式也有很多种，有电话访谈、书面访谈、视频访谈、实地走访，当然实践中我们谈到的主要还是实地走访。所谓百闻不如一见，实地走访肯定是效果最好的，其他的方式都算是实地走访的替代程序。

（3）对客户和供应商的访谈比例一般要求要达到 70% 以上，

特殊情况下也要达到50%。对于供应商来说容易达到，但是对于客户来说有时候确实很难做到，尤其是存在经销、加盟、个人消费者的情况下。

（4）实地走访一定要提前做好准备工作，同时报保留跟走访有关的所有单据凭证，如机票行程单、住宿发票、走访的相关照片和文件等。

（5）很多券商同行都抱怨做访谈的时候根本就不觉得自己是做投行的，更像是一个民工，每天坐着三轮车、牛车翻山越岭。但是，对于目前中介机构核查手段有限的现实来说，实地走访确实是无奈而又唯一的选择。

3. 银行流水：其实是最具杀伤力的手段，只是条件有限只能辅助使用。主要关注的要点包括：

（1）在目前财务核算要求下，超过一定金额的资金流转必须要通过银行转账，这种情况下银行流水理应是最便捷有效的财务核查手段，只要是将相关的银行流水都打印出来，基本上什么问题都没法隐藏（监管机构发现问题，也基本上都是通过银行流水找到线索）。

（2）银行流水对于财务核查来说很有效，但是也有一个前提，那就是银行流水一定要完整，而这个实践中有很难做到。发行人的银行流水可以保证完整，但是实际控制人以及其他关联方、董监高的银行流水如何保证完整中介机构是无能为力了，最后只能是让相关人员出具承诺函保证是全部提供了。我们无法保证银行流水的完整性，那么对于核查问题的有效性自然也就无法保证了。

（3）如何选择银行流水的重要性水平，一般情况下应该以保证能核查到50%以上的银行流水作为基本判断依据，不能简单粗暴地划定50万元还是100万元作为重要性标准。如果流水极度分散，那么确实会带来很大的工作量。

（4）有些银行的交易流水是没有交易内容甚至没有交易对手方的，那么这种情况下对于项目组提出了很高的要求，主要就是工作量的要求，需要将每一条银行流水与相关的财务凭证进行核对，保证统一且直接对应。

（5）目前监管机构对于实际控制人以及其他人员的银行流水是否需要核查并没有明确规定，这个目前还是项目组自己把握，不过在反馈意见中已经出现明确要求对某些人员的银行流水进行核查。是否对个人的银行流水进行核查，在很大程度上取决于项目组对于IPO项目本身风险因素和严重程度的一种把握。

4. 存货盘点：扇贝游来游去，我们才知道存货盘点是如此重要。对于会计师来说，存货盘点应该是非常重要的核查手段，每年的年度存货盘点跟过年差不多，如何保证存货的账实相符，不只反映了发行人财务核算的规范性，也会反映发行人是否存在财务造假的隐忧。

（1）存货盘点是帮助发行人厘清“进销存”情况的非常重要且不可缺少的步骤。

（2）存货盘点一般是每年进行一次全面盘点，其他时间可以不定期进行抽盘，会计师主要负责盘点，券商会负责监盘。

（3）存货盘点会形成正式的文件，相关人员要签字，并且作为重要的工作底稿留存，必要时需要提交监管机构申请审查。

（4）由于存货的形态各异，因而存货盘点也确实给会计师带来了很多挑战，不过目前基本上存货盘点的方式都已经成熟，除了农业类项目天上飞的水里游的不听话的扇贝之外，存货盘点问题只要尽职尽责一般不会出现的疏漏。

（5）在 IPO 发行人中，一般很少会出现金额比较大的盘盈或者盘亏，如果存在一般也是影响甚微的情形，不然肯定就会怀疑财务核算规范的问题了。

5. 其他方式：财务核查的方式无穷尽。上面我们提到了重要的财务核查方式，此外，我们也会关注财务日记台账、不同科目的明细表，甚至我们还会关注发行人财务软件的有效性和会计处理环境的真实性，并且要对财务相关人员进行访谈。通过各种方式进行财务核查，主要是要通过不同的手段从不同的维度去寻找财务数据无处不在的各种各样的逻辑关系，并且关注逻辑关系的断裂以及重构是否合理，因为如果没有逻辑关系的对应，那么财务数据的真实性和合理性也无从谈起。

02 IPO过程中“粉饰业绩”的十大方式

监管机构目前不仅提到要严防企业业绩造假，还提到了另外一个概念，那就是粉饰业绩。这个概念其实我们以前也经常提到，但是监管机构一直没有将其作为一个具体的规则明确，从现在表态的观点来看，监管机构可能将粉饰业绩与业绩造假以同等的标准进行核查。

何谓业绩粉饰，与业绩造假又有什么样的明显区别呢？小兵个人的理解是：发行人的经营方式和会计处理是真实的但不是合理的，也就是通过这样实现的收入和利润不是企业正常生产经营实现的，而是违反基本的商业逻辑和市场规律的。如果说财务造假是“合理但不真实”，那么粉饰业绩就是“真实但不合理”。

小兵根据相关案例整理出IPO审核实践中可能存在的十大粉饰业绩的路径，不一定准确，仅供大家参考和学习。具体如下：

一、调整收入确认政策

一般情况下，主要就是发行人的收入确认政策和收入确认时点与同行业可比公司存在差异。

某案例中，发行人将收入确认的方式从完工百分比法调整为一次性确认收入，监管机构关注到收入确认会计处理是否符合相关规定。

某案例中，发行人收入确认的时点是发货验收确认收入，而同行业可比公司基本上都采取产品在客户处试运行成功之后确认后入，监管机构关注到收入确认是否符合规定，是否审慎。

二、提高其他业务收入的比重

在主营业务经营不利，导致业绩指标大度下滑或者增长缓慢的情况下，发行人为了保持基本的 IPO 业绩指标，会在其他业务收入方面提高规模和占比。比如，毛利率很低的业务、跟原来业务关联度比较低的业务、联合招标业务超过独立招标业务、集成业务超过研发业务，甚至可能存在直接销售半成品原材料等。

某案例中，发行人主营业务是软件开发，而在报告期最后一年技术服务收入比上一年增加 800 多万元，并且毛利率为 98% 以上。

某案例中，发行人的主营业务是院线经营和分账收入，而报告期内公司广告服务收入从 500 多万元直接增加到 3000 万元，年均复合增长率达 128.81%。

三、通过非正常渠道取得订单

发行人可能存在报告期内新增加客户增加收入、未通过招投标取得客户订单、某个客户订单金额突然增加的情形等。

某案例中，发行人报告期最后一年对新增加的一个客户销售占比超过 85%，并且发行人后续的业绩增长仍旧依赖于发行人与这个单一客户签署的订单。

四、提高信用周期、向客户提供资助

在发行人销售疲软的情况下，为了鼓励客户继续采购甚至增加规模采购发行人的产品，发行人可能为客户提供更加优惠的采购政策。

某案例中，发行人对某些客户的信用周期从 3 个月提高到 6 个月以促进销售，同时为了鼓励某些客户采购发行人产品会通过关联方向客户提供借款服务以及融资租赁的服务。

五、关联交易

在目前的 IPO 审核规则中，对于关联交易一直也是开放性的一个关注要点，主要还是关注关联交易对于发行人业务独立性以及持续盈利能力的影响。一般情况下，发行人报告期内的关联交易都会彻底清理或者逐步降低比例，也有可能发行人为了业绩会增加关联交易的比例。

某案例中，发行人与关联方报告期内持续发生关联交易，关联交易占比 10% 左右。发行人最后一年向关联方销售的比重突然增加到 30%，如果剔除关联交易的影响，发行人的业绩在最后一年存在大幅下滑的情形。

六、降低广告费投入

以上我们论述的主要是通过一些不合理的方式增加发行人收入，那么后面的一些方式就是通过一些处理降低成本或者费用。在某些案例中，报告期内大幅降低广告费就比较典型。

某案例中，发行人将广告的方式从电视媒体改变为纸媒或者网络媒体，并且减少了投放的频率和质量。通过这种方式，发行人报告期最后一年广告费减少了 2000 万元以上，监管机构关注发行人降低广告费用后以后的销售规模是否能够保持。

七、减少员工人数

对于发行人来说，通过减少员工人数的方式来降低费用也是直接粗暴并且非常有效的，但是员工人数减少的理由有时候会很牵强并不合理。

某案例中，发行人最后员工人数从 2000 多人直接减少了 800 多人，因此减少的员工薪酬就有 4000 万元左右，对于发行人的业绩有着重要的影响。如果剔除这样的因素，发行人最后一年存在业绩大幅下降的情形。

八、降低员工薪酬标准

这种方式跟减少员工人数有着异曲同工之妙，就是在员工人数不减少的情况下降低员工薪酬水平，尤其是高管和管理人员的薪酬水平。也就是因为这个，监管机构会要求核查发行人员工薪酬水平与当地平均工资水平、同行业公司工资水平是否存在重大差异。

某案例中，发行人高管和管理人员的平均薪酬从人均 50 万元直接降低到 10 万元，销售人员平均薪酬也有一定程度的下降。

九、降低差旅费报销标准

发行人还可能会在销售费用方面做出一些“努力”来调节业绩，比如，原来出差坐飞机的现在坐火车，原来需要出差的现在调整为开电话会议，甚至存在到了 10 月就不允许再报销相关费用的情形。

某案例中，发行人报告期最后一年的销售费用占营业收入的比重下降了十多个百分点，主要解释的理由就是加强了费用的管理和出差的频率等。

十、推迟成本的结转

发行人如果通过少结转成本或者体外代为垫付成本调节业绩的话，那么就是属于典型的业绩造假的情形，但是在某些情况下也会存在灰色地带。

某案例中，发行人将每年发生的人工成本按照一定的比例进行分拆，一部分会进入营业成本中的人工成本，另一部分会计入存货待下一年度结转成本。

03 关于毛利率解释的十大参考思路

对于企业的经营来讲，毛利率是一个非常重要的指标，它反映了企业的市场竞争地位和产品赚取附加值的能力。

对于财务分析的角度来讲，毛利率是一个非常综合的指标，它反映了收入和成本两个最核心的财务数据，如果具体拆分一下，可能还会包括销量、价格、原材料价格、人工、技术创新、生产流程等诸多信息。

从 IPO 财务审核的要求来说，毛利率指标一直是核查和关注的重点和难点，不仅关注与可比公司的纵向比较是否存在重大差异，同时也关注发行人本身横向比较是否存在重大的波动。

如果 IPO 的发行人毛利率与可比公司存在差异，那么就要详细的解释，解释毛利率差异最终就是体现在一个产品的销售价格和成本，最终就是要去深度分析到底是哪些因素导致了价格的变化，或者是成本的变化。

这一次，小兵总结了十大关于分析毛利率差异的思路，仅供大家参考：

一、细分行业不一样

大的行业分类尽管一样，但是细分行业不一样。这个应该比较好理解，举一个最简单的例子，同样都是做饮料的，茶饮料和碳酸饮料的毛利率可能会有比较大的差异。

二、销售模式不一样

在实践中，销售模式一般有直销、经销、代销等模式，当然目前也出现了渠道销售、加盟销售等经销模式的延伸趋势。不同的销售模式自然会导致不同的毛利率，以医药行业为例，直销模式下的毛利率可能会远高于经销模式的毛利率，因为在经销模式下，经销商要承担整个渠道销售的成本和费用。

三、销售客户不一样

在企业销售的过程中，我们说企业有优质客户有一般客户，有的企业是优质客户，有的企业是一般客户。那么在这种情况下，可能取得优质客户的企业的产品毛利率就要高于向一般客户销售的毛利率。至于什么是优质客户，可能有着不同的标准，不过国际知名的大公司一般都会被认为是优质客户。

四、销售区域不一样

有的企业的产品可能销售到国外多一些，有的可能就是全部销售在国内，有的企业产品销售到欧美等发达国家多一些，有些企业可能主要销售到非发达国家。一般情况下，境外销售的产品毛利率可能会高于境内销售的毛利率，发达国家销售的毛利率要高于其他国家销售的毛利率。

五、应用领域不一样

两个企业可能都是生产非常接近的产品，这个产品可能会应用在不同的领域中，有的应用在充分竞争的市场，有的可能就应用在国计民生的领域，那么一般情况下，这两个领域的毛利率可能也会存在重大的差异。

六、销售政策不一样

有的企业可能采取薄利多销的政策，有的企业可能更加关注客户的回款情况，采取现款现货的销售政策，那么，销售毛利率可能就会低一些。有的企业可能会给客户非常优惠的信用期，那么可能就需要更高的毛利率。

七、产品周期不一样

根据基本的经济发展规律，一个产品在发展初期可能会取得较高的毛利率，然后随着技术成熟和市场发展毛利率水平可能会趋于平稳甚至后期会出现下滑。如果两个企业的产品周期并不是在同一个周期上，那么也可能导致毛利率的差异。

八、企业发展阶段不一样

企业发展的阶段不同可能在产品结构和利益诉求方面也会存在很多差异，有的企业是新锐企业可能主要经营单一产品，有的企业可能历史比较悠久，可能会经营系列产品，那么在这种情况下，也可能会存在毛利率上的重大差异。

九、技术水平不一样

有的企业可能技术水平很高，生产的产品品质也会更高一些，那么毛利率自然也会高一些。有的企业技术水平一般，生产的产品品质可能也是中等水平，那么可能市场竞争力就会弱，毛利率自然也就会低一些。

十、生产工艺和管理水平不一样

有的企业生产设备和生产工艺是最先进的，甚至包括企业的管理水平也很高，就有可能很好的控制产品的成本，从而间接提高企业产品的毛利率。反之，自然毛利率可能就会低一些。

最后，值得说明的是，上述很多因素可能都是相辅相成的，如果割裂来看在实践中很可能没有实际的本质意义。此外，有些因素只是给大家提供一些分析问题的思路，不一定具体准确。

4 案例学习，“死了都要爱”

01 关于案例学习的十个心得

1. 案例学习可以帮助我们学习到一些非常鲜活、真实，也非常丰富的信息和内容。因此，我们很乐意将案例学习作为业务学习最常用的一种方式，也确实是最有效的方式之一。

2. 案例学习的最终目的是总结出某一类问题的典型思路和解决方案，要得出某一类规律必须要有一定数量的学习样本，因此案例学习必须要先有案例。于是一个问题出现了，到底该怎样找到足够多的案例。

3. 关于案例学习的路径，原则上一般有两种：一种是想到某个问题需要寻找解决思路，然后查找案例加以佐证方案。另一种是看到某个案例觉得具有典型的代表性，然后寻找是否还存在类似案例，如果案例普遍存在，那么也可以总结为推广适用的方案。

4. 案例学习有一个原则需要坚持，那就是不能以“个案对抗原则”。如果某个唯一案例提出了解决方案，但是这个思路没有其他案例作为辅助，那么这样的案例一般要作为剔除因素不能直接使用。因为很多事情别人可以做，不代表我们可以做；反之亦然。

5. 中国毕竟不是判例法制，通过案例学习归纳解决问题的思路，可以在业务实践中作为参考，但是不宜直接作为规则依据使用。

6. 案例学习是个需要非常大工作量的苦差事，不仅要研读每一个公开披露的文件，还需要对案例进行甄别。最崩溃的是，可能你花了很多时间研读了很多案例，最终却没有得到你想要的答案。

7. 案例学习的案例务必是已经公开披露的经过论证的案例，不建议对未公开披露的资料进行学习，以免对同行带来不必要的麻烦（包括预先披露但是人家还没上市企业的资料）。

8. 案例学习也需要对问题的敏感度有一些自己的把握，不要因为本来正常的一个业务学习渠道变成了媒体报道的焦点（比如金逸影业），那样就有点不合适了。

9. 案例学习的目的只是提高自己的业务水平，增进自己的问题解决能力，而不是为了突出"内幕""重磅""精华"之类的标题文章。那或许也是案例学习的一种，但绝对不是小兵所提倡的一种。

10. 最后，说一下怎么寻找案例。最普通的方式，通过某个搜索引擎输入关键字可以找到一些。当然，现在很多机构都开发了信息检索的工具，可以实现全文检索以及关联检索，非常方便，也就更加便利我们案例学习了。

02 关于招股说明书编写的十大原则

1. 真实。信息披露的三个原则第一个标准就是真实，一定要保证信息披露的真实，实事求是地披露发行人信息。比如，你有一瓶矿泉水，那么你就不能告诉别人你有一瓶橘子汁更不能说是一双袜子，不然就是欺骗，就是披露不真实。

2. 完整。要保证信息披露的完整，不能选择性披露，更不能存在重大遗漏。比如，你明明有两瓶矿泉水，就不能藏起来说只有一瓶，或者没有藏起来也只说一瓶。

3. 准确。准确性可能没有真实性和完整性那么重要和受到关注，但是同样对信息披露影响重大。比如，我有一瓶 330 毫升的矿泉水，就不能说是 550 毫升的矿泉水，尽管都是矿泉水，但是如果披露不准确可能也会影响到投资者对于企业的判断。

4. 信息披露的基本前提和保证就是充分尽职调查。信息披露要保证真实、准确和完整，如果这三个标准做得不好，那么就会出现我们非常熟悉的重大瑕疵：虚假记载（真实）、误导性陈述（准确）和重大遗漏（完整）。要做到这一点，那么就是要进行充分、全面、深入地尽职调查，并根据尽职调查的结果进行信息披露。只有充分调查，才能够让我们披露的内容都有依据，才能尽量控制信息披露的风险。

5. 详略得当，重点突出。我们一直强调招股说明书编撰要完整充分披露信息，但是毕竟每个企业的情况不同，每个企业需要重点提示和交代的内容不同，那么就需要针对不同的企业不同的问题设计不同的招股书框架。有些问题需要重点描述和解释，有些问题只需要简单提示就好了。在实践中可能有一个误区，就是觉得任何问题披露得越丰富越好，其实如果不重要或者无关的内容披露太多，很有可能会将你需要重点提示的内容淹没，从而影响阅读者对于问题的整体把握和重点判断。

6. 观点明确，不能有歧义。在招股说明书编写过程中，我们需要时时对披露的问题以及解决的方案发表明确意见，这时候发表意见一定要明确，不能模糊甚至有歧义，这是一个大忌。当然，发表明确意见并不是要求一定发表完全没有瑕疵的意见，我们可以说某些问题存在瑕疵，但是我们要明确提示解决的措施以后后续可能存在的风险或潜在风险。

7. 用中介机构的思维表达。虽然写招股书的都是中介机构的人员，但是中介机构的人员不一定有中介机构的思维。中介机构的思维不是研发人员的思维也不是销售人员的思维甚至不是企业老板的思维。我们需要将企业表达的信息消化吸收之后通过我们的思维和方式进行再造和表述，其实这非常体现一个招股书作者的功力和水平。要能够做到这一点，那么基本前提是充分理解发行人的生产经营，一个很大的忌讳是千万不要直接使用发行人提供的资料，更不要用发行人官网上披露的资料。

8. 语言朴素平实，不能有夸大或者广告性语言，这也是中介机构思维的一个重要体现。招股说明书的核心本质就是要告诉投资者企业是做什么的，做得怎么样，企业的价值是否合理。中介只是企业信息的搬运工，并不是信息的生产者。这一点尽管大家都已经很熟悉也很注意了，但是还是会自然不自然的会出现一些端倪，如我们发表行业排名第一、填补国际空白、引领行业潮流等结论，如果没有明确的依据，那就是不合适的。

9. 站在阅读者的角度思考问题，要体现出你的诚意和用心。我们编写招股说明书和审核人员阅读说明书，本来就是一次平等愉快的对话，我们应该知道审核人员喜欢怎样的内容，我们就应该及时地告诉他。我们要让阅读者方便、愉快，能够第一时间获取到自己想要的信息，我们应该能够做到这一点，而更多时候因为我们没有注意而引起沟通摩擦甚至误解。

10. 不要有低级错误，这个不说大家也能明白。这里的低级错误包括错别字、段落格式不整齐、表格格式不一致等各种情形。你可能认为这是一些细节的小问题，不值得大惊小怪，但是对于审核人员来说，他们会认为：如果项目组对于这些细节问题都不能重视解决，那么是否能够对整个项目进行审慎核查并尽责推荐是值得怀疑的。

03
关于
招股说明书
编写的
三大部分
九大细节

【历史沿革】

一、以时间顺序为主，以集中交代问题为辅

关于历史沿革的写作处理方式倒也简单，就是按照时间顺序将所有发生的需要披露的信息说清楚就可以了。但是，如果历史沿革某些问题存在瑕疵，在后来的时间中进行了规范并发表了明确意见，那么就会存在同一个问题的瑕疵和解决方案在两个地方披露，甚至中间会隔着很大的空间和内容，这种情况下就不如在同一个位置将全部问题交代清楚更方便一些。

二、强调商业逻辑的合理性

关于历史沿革问题，核心无非就是出资的历次变动，那么每一次变动的原因、价格都要有一个合理的解释，尤其是价格。在商业社会，不会有无缘无故的爱恨，也不会随时有活雷锋降临，如果某些出资变动违反最基本的商业逻辑和风俗人情，那么我们就需要重点关注。比如，股东将股权以非常低的价格转给一个据说是没有关联关系的人没有合理解释，一个高科技企业的某些股东身份竟然是农民等。

三、关于国资的问题，怎样重视都不过分

如果企业的出资变动中存在国有资产或集体资产的情形，那么需要引起足够的重视。另外，还需要注意的一点是，我们拿到的兜底的省政府确认文件只能解决资产变动的程序性问题不能解决实质性问题。如果某些国有资产转让价格明显偏低，存在国有资产流失的情形，那么是需要将价格差价补足而不单单是省政府确认的问题。

【业务技术】

四、关于行业的基本情况，一定要如实披露，并保证数据更新的连续性

关于发行人所处的行业，我们第一动机肯定是要说得天花乱坠才好，因为只有大行业好了，发行人才会好，毕竟完全超脱行业趋势逆行发展的企业并不多见。我们在描述行业发展趋势的时候也需要有第三方独立权威的资料作为依据，现在已经严厉禁止企业花钱来编写行业报告了。此外，在寻找并选择行业数据时，我们参考的行业报告要有连续性，不能今年出版了 5 年之内都不再出版了，那么招股书每次更新时就找不到连续性的行业资料了，这个问题有时候还是个非常典型且麻烦的问题。

五、一定体现出发行人的业务模式的独特性，同时不能与行业有太大背离

每个发行人的业绩高速发展，都有着独特的竞争优势，这可能体现在技术人员方面，也有可能体现在独特的业务模式方面，这就需要我们在充分调查了解的前提下将发行人的业务模式详细说清楚。当然，整个行业模式体系如此，发行人如果特立独行游离于整

个行业之外，我们也需要重点关注其是否合理、真实。

六、行业问题尽管专业，但是写出来的内容一定要保证非专业人士能够看懂

业务与技术这一节肯定是要体现出专业性了，但是招股书写的内容是要给非专业人员看的，如果老百姓看不懂，那么这一章的编写就是失败了。所以，我们的职责就是将专业的内容，怎样转换成一种通俗易懂的内容和逻辑披露出来，做到这一点，就需要我们对发行人的业务多理解、多学习甚至多思考。小兵一直认为，尽管业务技术的内容从来不会是发行条件，好像审核意见一般也不会关注到，但是这会是招股书最重要的一部分，因为这一部分内容如果写好了，会在很大程度上帮助审核人员和投资者理解企业的发展趋势和财务状况，甚至可以帮助判断企业未来的发展。

【管理层讨论与分析】

七、选择可比上市公司的时候要多考虑一些因素

我们在进行发行人财务数据分析时，根据规定一定要找到四五家可比上市公司进行对比分析。在选择可比上市公司时，如果可比公司非常多选择余地非常大，那么不会有什么问题。但是，如果可比公司非常少怎么办呢？有时候我们可能为了选择与发行人尽量在行业上接近的上市公司而忽略了财务指标的可比性，比如有的上市公司业绩波动非常大甚至有的上市公司每年都在亏损，如果发行人跟这样的可比公司对比会非常难受。在这种情况下，倒不如考虑将行业的范围扩大一些，寻找一些财务指标与发行人接近的公司进行对比，这样会相对容易处理。

八、财务数据分析，不是分子分母的变动分析，而是企业生产经营本质的分析

在进行财务指标分析时，我们最容易犯的错误就是简单粗暴地分析分子分母的变动，如毛利率提高，我们的解释是产品单价提高或者产品成本降低，所以毛利率提高了。我们需要做的是，分析企业生产经营的哪些因素导致了单价提高或者成本降低，如市场竞争环境、竞争对手变化、生产流程改变等，这是我们要交代的，要通过企业最本质、最深处的生产经营情况来反映企业财务指标。毕竟，我们都知道，财务指标是企业生产经营最直接也是最终的根本反映，我们分析财务指标就是要把所有影响这个指标的因素都要分析解释清楚。

九、不能根据自己的想当然妄下结论

企业的生产经营是受到各种因素影响的，某个财务指标的变动在这个企业可能是这个原因造成的，那么到了另外一个企业可能就不是这个原因了，尽管这两个企业可能从各个方面都非常相似。比如，某个项目这一年的水费大幅下降，其他企业解释原因是生产流程改造，但是这个企业而因为生产用水由自来水变成了河水，水费自然大幅下降了。

【结语】

招股说明书的编写并不是文学创作的过程，知名作家不一定能编写招股书。招股说明书的编写也并不是简单地不加思考地文字堆砌的过程，项目组并不是码农也不是头脑简单的金融民工。

招股说明书的编写同样是一个再创造的过程，是一个厨师用自己的手艺做出美味佳肴的过程，招股书也是一个同样可以体现个人风格和水平的载体。我们对于招股说明书的编写是否专业、是否用心其实很多人都还是可以发现也可以感受的。

尽管一个企业是否能够上市成功，企业的质地和业绩才是最核心的，这个因素可能要占到 80% 甚至更高的权重。但是，一份专业用心的招股说明书能够把问题都交代清楚，同样也会为企业的上市减少很多困难，起到锦上添花的作用。况且，我们在实践中也经常见到因为招股说明书披露不清楚不用心，而导致一个质地优良的企业没有 IPO 上市成功的案例。

5 新三板，曾经爱过

01
新三板，
失去的
可能再也
回不来了

【好时光，还未到来就已逝去】

年纪大了，不那么喜欢睡懒觉了，其实是根本就睡不了懒觉了。也好，出差就赶最早的航班或者火车，时间充裕，便于安排，早去早回。

依旧赶早去火车站，刷朋友圈时看到一则新闻，说的是股转系统挂牌业务部李总监跟中介机构汇聚一堂，并发表了“凝心铸魂、回归成长”的主题演讲（不知真假，倒也不重要）。

本来早就不那么关心新三板了，对新三板的总结，用“曾经爱过”这四个字就够了。不过今早看到这样的新闻，有一点莫名的心酸和难过，恰好又快到年底年初了，那就再为新三板说几句话吧。尽管，说的话不是那么好听，很多人不会喜欢，但这一直是我的风格。

小兵的观点很直接，也很残酷，总觉得新三板失去的机会很可能再也回不来了，再也不会有草长莺飞的季节了，就算是真的有了大的利好出台，也更像是一壶回光返照的毒酒，可能真的难以为继了（话有点吓人，可以忽略）。

【想要小而美，可惜不太美】

股转公司依旧以“我们是世界上挂牌企业家数最多的交易市场（挂牌家数 11600 家）”的名头，自欺欺人。这话，跟“我是公司里体重最大的员工”“中国是人口最多的国家”一样，没有任何意义。任何一个证券交易所的核心资产或者说唯一基础，都是优质企业，注意这里说的是优质企业而不是企业，而现在优质企业在新三板留存的，真的是很少了。

新三板最初的定位是没错的，就是吸引“小而美”的企业加入。这些企业具有一定的技术含量或者业务模式优势，目前暂时不符合IPO 的条件甚至不具备盈利的条件，但这些企业都有着巨大的内生优势，未来极有可能会生长为优秀甚至卓越的企业。具备这种条件的企业，是新三板欢迎的。小而美的企业重心在于“美”，小而美不是小而杂，更不是小而乱。

【想得有点美，但现实太骨感】

新三板的优秀企业为什么没有了？或许能简单总结为以下几个原因吧。

1. 新三板最初的定位是选择小而美的企业，为了选择美的企业可以容忍它的小。因而，新三板制定了非常低（几乎可以忽略）的挂牌门槛。即便挂牌门槛可以足够低，但监管机构至少应该在审核标准上严格把关，不能将小而不美的企业全部都放进门来。

遗憾的是，开矿卖石头的来了、抓小三搞私家侦探的来了、用草稿纸记账就想过一把戴着红围巾敲钟瘾的老板也来了……只有我们想不到、没有他们做不到的妖魔鬼怪，都来了。更让人不可思议的是，穿着拖鞋、挂着安全套参加挂牌仪式，在新三板的圈子里不以为耻反而为荣。

2. 在政府鼓励、中介努力、企业奋进的春风吹拂下，好不容易有一些不错的小而美的企业来挂牌了，然而他们并没有看到什么后续的政策支持。股转公司也曾努力地想要出台一些政策，但是少了顶层制度的配套支持，这些政策显得很可笑，顾头不顾尾、自己挖的坑只能自己跳。

比如，创新层的分层制度，小兵一开始就说这是一个对于创新层企业而言“只有大棒没有胡萝卜”的政策。这种只有义务没有任何权利的政策，真不知道是谁想出来的。以前还可以画大饼，说转板的时候会有绿色通道、以后可以直接集合竞价交易，现在估计谁都不会再相信了。

3. 原本还是有很多企业对新三板死心塌地的，反正我暂时不符合 IPO 条件、也没法去境外上市（或者不愿意去境外上市），就在新三板这个市场里边规范边等政策吧。结果，人家一听你在新三板挂了牌，眼神都不怎么对了，“哦，原来是新三板的企业啊”。本来是个不错的企业，怎么在新三板挂牌之后，不但没有获得好的背书，反倒像是变成了坏企业似的，真是让人连个说理的地方都没有。

4. 一个企业跟一个人是一样的，做一件事情总是要图一样东西，要不是名、要不就是利。新三板的名声不好，我也认了，只要能帮我融点资、提高一下估值也行。对不起，不仅不能帮你融资，还有可能扯后腿。就连投资者，都得企业自己去找。好不容易谈拢了价格、钱也到账了，结果说是没走完审批流程这钱就还不能用。结果等最终审批了都 3 个月过去了，投资者烦了，索性撤资不投了。这个制度，IPO 没有，上市公司再融资也没有，算是新三板的独创。

投资者投了钱没法做股权登记，企业拿了钱却不能用，这样的逻辑真的要改改了。

5. 股转公司确实也不容易，搞个新三板操心受累不讨好，那你就跟挂牌企业站在同一个战线，多交交心聊聊天，共患难也好啊。可恰恰是新三板最火的那段时间，把股转公司新三板人员的坏毛病给惯出来了，养成了些许官老爷的意识，接个电话总是说很忙，约个见面那是不可能的，见面交流总要批评骂别人。现在好了，你想好好说话了，却不一定能找到对象了。

【美好的事情，急不来】

说实话，新三板确实存在先天不足，那就是流动性的问题。小兵一直说流动性溢价，没有流动性企业就没有估值基础，也就没有估值的增值。没有企业质地的保障，就谈流动性，会出现“郁金香陷阱”，会出大问题，所以新三板一开始“先保证企业质量再出流动性”的制度是对的。但是，没有门槛不代表可以为所欲为啊，亲。

新三板需要很长的时间去成长，有很长的路要走，中途可能会遭遇波折甚至是倒退，须得不忘初心、砥砺前行。可惜，我们的新三板参与者都太着急了，有的想要政绩，有的想要收益，有的想要名誉。拔苗助长，最后的结果就是死了，多少水都难救活。

其实，新三板除了优质企业的流失之外，现在已经陷入非常大的信任危机之中，这是更可怕的。以前新三板有政策，好；现在新三板预计有政策，呵呵。

关于新三板，这一年什么都没发生，所以真的没什么好总结的。

到了年底，还会有很多人为新三板喊口号，尤其是那些手里拿着股票的，不过我还是照例泼点冷水吧。

北京的冬天真冷，祝各位等到春暖花开。

02 新三板的踏空

今天，有一个关系很好的小兄弟在为找工作发愁，他原来做会计师后来转做新三板，聊了一会儿，对我感慨：这几年做新三板，我觉得是踏空了。我不知如何安慰他，当然更不能泼冷水，我便冒了一句：因为新三板踏空的多了。

【资金的踏空】

中科招商摘牌了。

这就像在一堆寡蛋上盖着的“遮羞布”，一阵狂风吹过，飞了。原本就风雨飘摇问题多多，但是大家一直在“遮羞布”下各自做着鸵鸟，每天烧香拜佛觉得财富梦一定会实现（你没实现我能实现就行），倒霉蛋那么多，怎么一定会是我呢。结果，倒霉蛋一个都不少，成千上万也没有缺了你这一个。

多少人曾陷入新三板的美梦，多少人又曾把新三板视为中国最后的金矿：人无股权不富，你没有赶上“文化大革命”，没有赶上20世纪的福利分房，没有赶上拿麻袋去深交所买股票的时代，你就只能抓住新三板这唯一的机会。

于是，你把企业关了，你把房子卖了，你把小姨子的嫁妆和父母的棺材本都拿来了，就让我们再干一次，以后必定是“红尘作伴活的潇潇洒洒，策马奔腾共享人世繁华”。殊不知，新三板里躲着多少伪装的骗子，又蹲着多少赤裸的骗子，他们都懒得伪装。

你以为穿着定制西装的就不是骗子了，你以为动辄运作几十亿资金的就不是骗子了，你以为举牌上市的公司就不是骗子了，你以为自诩认识国家领导人的就不是骗子了？我的大兄弟，那些哥们吃的、喝的甚至是上厕所用的手纸可都是你用血汗钱给买的。

你有这些钱，本来可以买个稍微大点的房子，把丈母娘接来一起住；或者给女儿买架钢琴，她就可以进小百花艺术团；或者在银行买理财产品，能安安稳稳收利息；再不济，就算是去炒股，也不至于血本无归吧——连续三个跌停证监会就会杀出来保护你。你说说，干什么不好，要去自己投新三板？

中科招商是第一个，肯定不是最后一个。曾经有多么疯狂，最后就多么凄凉。你，曾经将一只老母鸡看作凤凰天使，以为浑身插满羽毛可以自由飞翔，最后不过一地鸡毛。

【时机的踏空】

我们不可否认，新三板曾经很火爆。至于为什么火爆，没人愿意去追究，反正就是很火爆，大家都想挤进去分享这一资本界的海天盛宴。

探究新三板的火爆，自然要了解企业家为何挂牌新三板，小兵认为主要源自于此：（1）政府提供的奖励基金很高，挂个新三板不仅不赔钱还能赚个百八十万；（2）银行说现在支持新三板挂牌，你要是不挂牌我就把你银行贷款收回来，你要是挂牌我就再给你500万额度；（3）我这辈子做梦都想去披着红围巾敲个钟过把瘾，我就想过把瘾；（4）有个好朋友是搞新三板的，后来盛情难却，那就挂一个吧；（5）企业未来要好好发展，新三板就算是个摸底考试，给自己先找找不足，然后继续规范和努力，最终目标还是IPO。

我们说的“时机的踏空”，就是第五种情况带来的踏空，尽管前四种情况是新三板火爆的最大因素，但是第五种情况才让新三板有机会带给企业致命的不公。

我本来想要规范，结果却招惹来一群挣快钱的，他们一心只想做完这单新三板回去分奖金，别说什么“规范”，没把我带到沟里去就不错了。

我本来想要请新三板助拳企业发展，结果除了被限制就是被处罚，惊心动魄。最后，很多原本能够低调处理、不足与外人道的小事成了轰轰烈烈大事。

我本来可以更早一点去申报IPO，结果那些“挣快钱的人们”为了继续做这块业务，昧着良心说：“不着急、慢慢来。”

如果不慎又招惹了三类股东，那么恭喜你，上市就更加困难了。据小兵所知，现在有一些很好的企业真的因为三类股东的问题咽不下这口气又无可奈何，最后只好暂时放弃了IPO计划。

本来我是想来这次借点春风的，结果一个黑沙掌将我埋到了春天里。

【职业的踏空】

这也是我在开篇说的我小兄弟的那个事。

新三板在短短3年便挂了1万多家企业。我们假定每个项目组配备3个人，一个项目组每年做5个项目，大家算算，曾经一年有多少人在做新三板。

这些人，来自五湖四海，来自各行各业，这些人都在憧憬着新三板的未来。新三板犹如集结号，让他们放下锄头、辞去工作、关掉作坊匆匆赶来。

新三板项目人员结构复杂，对其中的某一群人我们不得不说。他们原来好好地做着审计、律师和其他的稳定工作，某一日毅然转行做新三板。为了养家糊口，他们一直在坚守，除了卖方炒新三板的那些倒霉蛋之外，没有人能比这一群体更希望新三板好。可如今，他们也准备转行了。

他们才发现他们踏空了。

新三板不做了想去做IPO，结果做IPO的人根本就看不上你，他们认为新三板是杂牌军、是幼儿园的小朋友，就算你考过了保代也不容易注册。

新三板不做了想回去做审计老本行，发现原来的同事都已经是审计经理是现场负责人了，新三板的承做经验对国企年审没有任何价值，你回去只能给别人当小弟。

新三板不做了想去企业，想想自己能去企业做什么呢？最好的青春年华已经奉献给了新三板，如今连酒量都拼不过实习生了。

要不，去新三板挂牌企业做董秘或者副总裁吧？Excuse me？你过来，我保证不打死你。

2017年之末，替我的小兄弟惋惜，也怒新三板之不争。吐槽了很多新三板的不是，其实内心还是希望新三板能够变好，希望以后可以。

03 新三板转板 IPO 团灭，到底该怪谁

曾经，我们觉得新三板是如此的光芒万丈、前途无量，独立于深交所和上交所的第三证券交易所，中国未来的纳斯达克。纳斯达克算什么，就中国中小企业的能量，超越纳斯达克都是分分钟的事情。每年都会把2013年央视二套那个新三板的新闻拿出来发一遍，然后大家欢呼新的时代到来了，凑在一起品尝昌平买来的拉菲1972。

后来，我们发现新三板好像没有想象得那么好，不过至少挂了新三板可以为以后IPO节省很多冤枉路啊。我们猜想新三板挂牌的企业是可以直接转板到创业板上市的，就算不能转板，那么新三板挂牌审核的内容以后IPO也是不用重复审核了，新三板到IPO的绿色通道那是板上钉钉的。深交所每年新年之时，也都是会在不同的场合积极表达欢迎新三板转板创业板的观点，大家又是一阵欢呼，回家一高兴就多吃了一盘饺子。

再后来，我们发现直接转板没戏，绿色通道都是骗人的，新三板挂牌到IPO没有任何的便宜之处，该怎么来还怎么来。不过，前一段时间每隔几天都会有一家曾经挂牌新三板的企业转板IPO成功，还是给了大家很多安慰。尽管很多人用体育老师教的数学一直在计

算新三板挂牌企业IPO审核周期是要短于一般企业的，可是算错了谁又会在乎，高兴就好，高兴就好。

再再后来，新三板不是跟其他企业在同一条起跑线上，而是不知不觉就掉到了很多的坑里面，不能自拔，无可救药。比如，老大难的三类股东问题，挂牌公告的财务数据与后来数据差异的问题，相关的尽调和核查不充分、不到位的问题等。股转公司你出来，我保证不打死你，结果发现他们自己都可怜的要命，根本就下不去手了。算了，既来之则安之，只要是IPO最终能够成功，多走点路就多走点路，多费点劲就多费点劲，就当交学费了。

到了最后，结果发现新三板到IPO的成功率突然间低了很多，很难再有成功的了，甚至会出现团灭的人间惨剧。为什么？为什么总是要针对我们新三板，我们到底做错了什么？

那么，到底是什么原因导致新三板挂牌企业转板IPO成功率很低呢？原因大概有这么几个，不对的请多指正：

1. 最核心的原因还是新三板挂牌企业的质地问题。当年新三板挂牌的企业就算是优质的企业不过也就是净利润2000万元左右的企业，有的企业后来壮大了更多的是原地踏步或者成长不多，真正利润超过5000万元甚至过亿的去挂新三板的企业很少的。在IPO审核政策相对比较宽容的情况下，新三板企业尚还能保持一定的成功率，在目前审核企业净利润5000万元都算小的情况下，成功率不高也就不足为奇。

2. 第二个非常重要的原因就是新三板主动或者被动地不顾一切去冲IPO。很多当年新三板的明星企业都还是非常受资本推崇的，也引入了很多投资者，吸收了很多钱。当年都是有对赌的，至少要申报IPO，于是最后就硬着头皮冲一把。成不成功不是企业的事，但是申不申报那是企业承诺的事情。同样质地下，如果没有外人拿着手枪逼着，自己人好说话就不会硬闯了。

3. 很多企业老板挂牌新三板的时候挂出了优越感甚至是错觉，觉得上市原来是这么轻松加愉快。我当年挂牌新三板根本就没费什么力气，连申报到反馈不到半年搞定，企业质地好反馈意见只有一条。因为有了这样美妙的经历，觉得就算 IPO 不同于新三板那也没想象的那么复杂，该核查的不核查，该整改的不整改，该配合的不配合。这种情况下，老板优越感越强，死的自然越惨。

4. 有人还归结为中介机构的专业能力。其实新三板转 IPO 的基本上中介机构都换了，就算是没换机构团队也换了。我们不能质疑团队的能力，但是会出现前面新三板的团队做了夹生饭让后面的人吃掉不是、扔了也不是的尴尬局面，比如关联方核查问题、股份代持的问题、客户和供应商披露问题等。

5. 最后不得不说的就是，希望越大失望越大，不要老想着一飞冲天，新三板就是你的最后救世主似的。

世界上没有任何捷径，如果有捷径，那都是骗你的。

04 精选层，新三板的一剂强力“春药”*

小兵一直对新三板持有略显悲观和理性的观点，认为新三板的成长需要很多条件的成熟和制度的完善，而这些因素又不是新三板自己可以做主和争取的。新三板的成长成熟需要很长一段时间的过程，甚至是历练，同样也需要很多人的努力。

小兵曾怀着一个朴素的梦想，以为新三板市场的参与者都对公众公司有着足够的敬畏，对新三板有着足够的耐心，对于新三板发展过程中的问题甚至是毛病有着足够的心理准备。新三板市场只要自己努力，只要自己还能够坚持制度下的创新，剩下的只能是顺其自然。

可是，小兵也发现，童话里都是骗人的。资本都是逐利的，所谓的天使投资者根本就不是天使而是鸟人，只要是一个市场不能给资本在短期内带来回报，资本就会立马失去耐心变脸之后转身投入到另一个战场的怀抱。

于是，没有了资本的充分参与和融合，新三板就失去了我们最关注的流动性。挂牌企业就会问自己：我挂牌到底有什么意义，没有融资也没有交易。投资者也会问自己：我在这个市场里参与到底

* 特别说明：本文写于 2017 年 2 月。

有什么意义，我投资的企业不知道还有没有人看得上，我会不会是最后一个倒霉蛋。

作为小弟，不期望能够超过大哥，至少能够追随大哥的脚步一起前行，或者大哥能够给指引一个方向也是好的。可是，大哥 IPO 不仅速度加快而且门槛也降低了不少，大哥不仅没有帮助小弟，还很残忍地挖了小弟的墙脚。

新三板最惨烈的结局，就是为别人做嫁衣，最后成为垃圾企业的填埋场。很不幸，随着一千多万利润的新三板企业都开始了 IPO 的步伐，这个结局好像变得不再那么朦胧和遥不可及。

新三板需要改变，新三板也必须改变，当然我们也看到了改变。新三板挂牌的门槛已经提高了很多，监管机构也加大了对于新三板违规行为的处罚力度，新三板已经试点私募股权投资，新三板已经设立了创新层……可是，这些制度我们也都知道，都没有改变新三板最现实的情况，就是流动性不足的问题。没有流动性，就没有流动性溢价，没有流动性溢价就没有投资者参与，没有投资者参与就更加没有流动性，这就是一个恶性的死循环。

怎样增加流动性？只有投资者对这个市场有信心，并且愿意充分参与到这个市场里，那么这里就有一个必要的前提：这个市场的企业是值得信赖的，这个市场的投资者是有充足的投资机会的。换句话说，如果要提高新三板的流动性，只能是加强新三板的监管让优质企业能够在新三板充分绽放，同时降低投资者的投资门槛。如果这两个问题没有改变，新三板就不会有本质的改变。

2016 年的最后几个月，新三板的挂牌家数已经急速下降，并且新申报挂牌的数量更是下降得厉害，这足以说明了新三板市场发展的困难。

2017年，新三板必须改变，最好是一个“惊天地泣鬼神”的改变，于是我们就看到了精选层的方案，现在我们没法看到这个方案的具体内容，不过越神秘也就越有威力，至少在这个莫须有的方案诱惑下，我们又有了再去新三板市场大干一场的冲动。

精选层会采取集合竞价的交易方式，这是一件看起来非常让人刺激的事情，但是到底是哪些人去集合竞价，哪样的企业有资格去参与交易，这是个问题。新三板集合竞价要实现怎样的效果，是比协议交易和做市交易好一些就可以，还是最好能够实现交易所的效果，这也是个问题。

小兵一直强调一个观点，那就是要解决新三板的本质流动性问题，前提是先把IPO的排队问题彻底解决了，在这种情况下再全盘考虑IPO和新三板的问题。只有这样，新三板可能真的会成为一个独立的交易市场，企业就跟选择上交所还是深交所似的选择新三板，只要IPO问题没有真正解决，要不新三板出台的政策不能解决本质问题，要不就是会弄得天下大乱。

对于精选层，我们相信他是个好东西，但是我们更希望他是给新三板的一剂“补药”和“定心丸”，而不是决一雌雄最后潇洒快活的一剂“春药”。

图书在版编目(CIP)数据

IN 投行：鸡汤没毒放心喝／投行小兵著. -- 北京：法律出版社，2018
ISBN 978－7－5197－2289－0

Ⅰ. ①I… Ⅱ. ①投… Ⅲ. ①投资银行－基本知识 Ⅳ. ①F830.33

中国版本图书馆 CIP 数据核字(2018)第 111137 号

IN 投行：鸡汤没毒放心喝
IN TOUHANG:JITANG MEIDU FANGXIN HE

投行小兵 著

责任编辑 慕雪丹
营销编辑 徐 印
装帧设计 马 帅

出版 法律出版社
总发行 中国法律图书有限公司
经销 新华书店
印刷 中煤(北京)印务有限公司
责任印制 胡晓雅

编辑统筹 法商出版分社
开本 710 毫米×1000 毫米 1/16
印张 18.5
字数 215 千
版本 2018 年 6 月第 1 版
印次 2018 年 6 月第 1 次印刷

法律出版社／北京市丰台区莲花池西里 7 号(100073)
网址／www.lawpress.com.cn
投稿邮箱／info@lawpress.com.cn
举报维权邮箱／jbwq@lawpress.com.cn
销售热线／010－63939792/9779
咨询电话／010－63939796

中国法律图书有限公司／北京市丰台区莲花池西里 7 号(100073)
全国各地中法图分、子公司销售电话：
统一销售客服／400－660－6393
第一法律书店／010－63939781/9782 西安分公司／029－85330678 重庆分公司／023－67453036
上海分公司／021－62071010/1636 深圳分公司／0755－83072995

书号:ISBN 978－7－5197－2289－0 **定价**:79.00 元
(如有缺页或倒装，中国法律图书有限公司负责退换)